Olivier Bauer

Le protestantisme à Table

Les plaisirs de la foi

Labor et Fides

Du même auteur :

Le jeu de Dieu et de Jonas, Poliez-le-Grand, Éditions du Moulin, 1996.

Petit lexique du parler local, Papeete, Au vent des îles, 1999.

ISBN 2-8309-0969-0

1, rue Beauregard, CH-1204 Genève
Tél. 022 311 32 69
Fax 022 781 30 51
e-mail : contact@laboretfides.com
Site internet : www.laboretfides.com
Diffusion en Suisse : OLF, Fribourg
Diffusion en France et Belgique : Éditions du Cerf, Paris
Diffusion au Canada : Éditions Fides, Montréal
Gaphisme et typographie : La Queue du Tigre
14, Quai du Rhône, CH - 1205 Genève

Sommaire

Avant-Propos

Je crois en Dieu.

Je crois que Dieu me nourrit.

Mais pourquoi le ferait-il chichement ou frugalement ?

« Car l'homme ne vivra pas de pain seulement, mais de toute la palette des arômes et des saveurs, que Dieu a créés. »

Je crois que Dieu me fait grâce.

Je crois qu'être du côté de la grâce, de la grâce débordante, c'est aimer la fête et le banquet, aimer ce qui est bon, ce qui sort de l'ordinaire.

« Car je suis certes un homme selon la chair, mais surtout selon la bonne chair. »

C'est de cette foi que j'ai voulu témoigner dans ce livre. Je le précise, il s'agit d'une fiction. Toute ressemblance avec des personnages existants ou ayant existés ne serait donc que pure coïncidence… sauf quand ils ressemblent à l'auteur.

Car si je dois tout à Dieu, je dois beaucoup :

– aux repas partagés avec ma femme et nos trois enfants ;

– aux plats cuisinés par ma maman et mes deux grands-mamans ;

– aux repas des quatre coins du monde que j'ai eu la chance de partager : malgache avec ma belle-mère, chinois avec ma tante, anglais avec ma marraine, kurde avec Ali, érythréen avec Gennet, tahitien avec Moetu ou Mateata, australien avec Ian et de tant d'autres pays avec tant d'autres amis ;

– au temps passé dans des cuisines avec des adolescents dans des semaines de ski, des retraites de catéchisme ou des sorties dans les îles ;

– au pasteur Pierre Paroz pour le chapitre « Les pieds dans le plat » ; à l'Hôtel du Poisson à Auvernier pour la pêche miraculeuse ; à Karen Blixen pour son « Festin de Babette ».

à Philippe KNEUBÜHLER :
quand le vin est tiré, nous n'hésitons jamais à le boire !

Ouverture

Le paresseux plonge sa main dans le plat,
mais la ramener à la bouche le fatigue
(Proverbes 26, 15)

J'ai grandi entre les fourneaux et le clocher. Car mon père était pasteur et ma mère cuisinière.

Ils s'étaient connus, je crois, à l'occasion d'un mariage où l'un avait nourri les âmes et l'autre les corps. Ils s'étaient vus, ils s'étaient plus, ils s'étaient revus. Ils s'étaient mariés et j'étais né. Il faut croire que leurs « cuisines » réciproques leur avaient convenu.

Ma mère a toujours tenu le même tout petit restaurant. Elle ne servait que 15 couverts. Pas un de plus. À midi, elle tentait de redonner des forces et du courage à une clientèle d'habitués, des hommes pour la plupart, maçons, coiffeurs ou professeurs, toujours affamés mais toujours pressés. Pour eux, pour nous puisque nous mangions là mon père et moi, ma mère cuisinait efficace. Une entrée, un plat du jour – pot-au-feu le mardi, couscous, le jeudi – un dessert, une carafe de vin, un café et l'addition. C'était simplement bon.

À table, mon père parlait presque autant qu'il mangeait. Lorsqu'il y avait une tarte au menu, il adorait ressasser la même blague éculée. Il s'apprêtait à la partager, interrompait son geste et me demandait :

– Je partage chrétiennement ou je fais « moitié moitié » ?

Il avait un avis sur tout et n'hésitait pas à le donner. Un jour où le vin avait été meilleur – ou plus abondant – il s'était lancé dans une fine analyse théologique du restaurant en milieu de journée :

– La patronne officie dans un lieu de culte où des fidèles participent à un rite. Chaque midi, assis à la table sainte, les pratiquants confessent leurs péchés à leurs voisins et, dans les cas les plus graves, font pénitence en payant une tournée. Enfin, ils peuvent communier sous les deux espèces. Lorsque la messe est dite, ils vont en paix, non sans avoir déposé leur offrande.

Ma mère était sortie de sa cuisine en entendant ses clients entonner un magnificat !

Mais mon père reprochait à ma mère de ne proposer qu'un seul plat.

– Par ce fait, tu refuses à l'Homme le libre-arbitre que Dieu lui a pourtant donné.

Plusieurs fois, il l'avait accusée de crypto-catholicisme ! Il avait pensé l'excommunier. Mais son bon sens lui avait fait comprendre qu'il avait lui-même peut-être plus à perdre à être exclu de sa table qu'elle de la sienne. La dispute s'était arrêtée d'un seul coup, le jour où ma mère avait ingénument demandé :

– Défends-tu le salut par les œuvres ? Si c'est par le nombre de plats que je suis sauvée, alors j'en mettrai vingt à ma carte, plutôt cinquante ou cent !

Ma mère, le soir venu, laissait libre cours à sa fantaisie et à son talent pour satisfaire les palais de quelques fins gourmets. Elle proposait, à la carte cette fois, une grande cuisine qui brillait par sa simplicité et la qualité des produits.

– Typiquement protestant, estimait mon père rassuré sur l'orthodoxie tant théologique que culinaire de maman.

Il y a des hasards heureux dans la vie. En même temps qu'il épousait ma mère, mon père avait été élu pasteur là où elle tenait son restaurant. Il accomplissait toutes ses tâches consciencieusement, mais c'était les cultes qu'il préférait. Il prenait un soin minutieux à les préparer. La fréquentation de ma mère lui fournissait des comparaisons gastronomiques.

– Je mijote mes cultes. Je les mitonne à feu très doux. Je veux qu'ils aient du goût.

Ma mère le reprenait :

– En cuisine, il n'y a pas que le goût qui compte. On mange avec ses yeux et ses oreilles autant qu'avec sa bouche…

Dès lors, mon père avait proposé de réunir chaque semaine quelques volontaires pour prévoir le décor et la mise en scène du prochain culte.

Ah, le culte dominical… J'éprouvais toujours du plaisir à y participer. Bien sûr, le talent de mon père y était pour quelque chose, mais j'appréciais surtout la présence de ma mère. Elle laissait son restaurant fermé et nous nous asseyions côte à côte sur le premier banc. Le dimanche était forcément un jour d'exception.

Ma mère était exigeante avec son mari :

– Dans le commerce, nous n'avons pas droit à l'erreur. Tes paroissiens pourraient encore supporter un sermon pas frais. Mais un chrétien de passage ne te donnera pas de deuxième chance. Alors, écoute-moi bien. Je te connais suffisamment pour savoir ce que tu vaux. Si tu nous sers du « fast-food », même une seule fois, je ne remets plus les pieds dans ton temple !

Heureusement qu'elle n'avait pas strictement tenu parole.

Lors du repas dominical, à la manière d'un critique gastronomique, elle commentait la prestation du jour ! Un bon culte était encensé :

– Le chef a le génie de marier un nouveau plat avec un vin vieux de deux mille ans !

Un mauvais culte était fusillé d'un sec :

– L'accueil est froid et la nourriture avariée !

Au fil des semaines, elle ajoutait à mon père – ou lui enlevait – des étoiles imaginaires. Il bougonnait contre sa manie de tout noter. Mais il était heureux de l'attention que sa femme portait à son travail et surtout fier de recevoir des notes plutôt bonnes.

Contrairement à ce que pensaient leurs « clients respectifs », mes parents se voyaient souvent. Même si leurs deux professions les accaparaient plus que de raison, leurs horaires coïncidaient. Cuisinière et pasteur travaillent essentiellement quand les autres ne travaillent pas.

Moi, je me sentais un peu délaissé. Je n'étais pas vraiment seul, mais j'ai été très tôt responsable de moi. Et c'est, tous les enfants le savent, parfois fort agréable, parfois un peu gênant.

Première partie

APPRENTISSAGE

> *Pour moi, frères, je n'ai pu vous parler comme à des hommes spirituels, mais seulement comme à des hommes charnels, comme à des petits enfants en Christ. C'est du lait que je vous ai fait boire, non de la nourriture solide : vous ne l'auriez pas supportée*
>
> (1 Corinthiens 3, 1 et 2)

Dans la cuisine du restaurant comme dans le bureau du presbytère, ma mère et mon père avaient affiché le même verset de l'Évangile de Matthieu : *Jean est venu, il ne mange ni ne boit, et l'on dit : Il a perdu la tête. Le Fils de l'homme est venu, il mange, il boit, et l'on dit : Voici un glouton et un ivrogne, un ami des collecteurs d'impôts et des pécheurs !* (Matthieu 11, 18 et 19).

Évidemment, à comparer les deux personnages, seul Jésus semblait sympathique. Il m'apparaissait beaucoup plus humain que Jean-Baptiste, cet ermite qui *se nourrissait de sauterelles et de miel sauvage* (Matthieu 3, 4).

Mais ce goût pour la bonne chair et les vieilles bouteilles que revendiquaient mes parents faisait jaser. Ils sont nombreux les gens à penser qu'on ne peut pas parler au nom de Dieu le ventre plein. Des paroissiens reprochaient à mon père son appétit de la vie, ou même, mais à mots couverts, le métier de sa femme.

– Monsieur le Pasteur, ne pensez-vous pas qu'un homme de Dieu devrait savoir jeûner, se priver et s'abstenir ? Nous vous aimons bien, mais votre appétit nous étonne. La norme religieuse a toujours été la modération, voire la frugalité. Vous pouvez vous moquer de Jean-Baptiste, mais reconnaissez que, pour mener une telle vie, il faut avoir la passion de Dieu. Son ascétisme témoigne du sérieux de sa foi. C'est vrai qu'il lui faut du courage pour supporter une vie aussi dure. Un courage qu'on imagine sans peine venir de Dieu. Ce sont la souffrance et le martyr qui prouvent la foi ! Monsieur le Pasteur, la gourmandise est bien l'un des sept péchés capitaux, non ?

Mon père s'accommodait de ces reproches. Avec une pointe d'arrogance, il se réjouissait même de détonner :

– Dans l'histoire du protestantisme, deux grands théologiens ont épousé une cuisinière. L'autre, c'est Martin Luther. Sa femme, Catherine de Bora, avait même transformé un ancien couvent en pension de famille !

Il n'hésitait pas à défendre sa position. En citant l'Évangile, il affirmait la légitimité de son choix. Devant Dieu et devant les hommes, il pouvait avouer son amour de la chair :

– Jésus aime manger et boire. Or, Jésus est le Fils de Dieu. Donc tous les enfants de Dieu doivent aimer manger et boire. Savez-vous qu'on a fait exactement les mêmes critiques à Jésus ? *Les disciples de Jean l'abordent et lui disent : Pourquoi, alors que nous et les Pharisiens nous jeûnons, tes disciples ne jeûnent-ils pas ?* (Matthieu 9, 14). Rendez-vous compte, je ne suis pas seul de mon espèce. Je respecte les conseils de Jésus : *Les invités à la noce peuvent-ils être en deuil tant que l'époux est avec eux ? Mais des jours viendront où l'époux leur aura été enlevé : c'est alors qu'ils jeûneront* (Matthieu 9, 15). J'adore ce passage. Remarquez avec quelle habileté, Jésus déplace le problème. Plutôt que d'argumenter sur la validité du jeûne, dans l'absolu, il envisage le moment favorable pour le pratiquer. La question de ses adversaires n'a pas de sens. Jésus n'interdit pas le jeûne, il fixe des priorités. Personne ne doit jeûner par plaisir ou par obligation. Le jeûne ne sert pas à punir un trop gros appétit. Le jeûne devient évident quand la faim disparaît. C'est la séparation qui pousse à jeûner, non comme une punition, mais comme une nécessité. La gorge nouée, l'estomac serré, on ne peut plus rien avaler. Il faut jeûner quand l'absence nous coupe l'appétit. Relisons le récit de la tentation dans le désert, lorsque Jésus bat le record du monde du jeûne : 40 jours sans rien manger. *Jésus fut conduit par l'Esprit au désert, pour être tenté par le diable. Après avoir jeûné pendant quarante jours et quarante nuits, il finit par avoir faim* (Matthieu 4, 1 et 2). Observez le mouvement du texte, Jésus ne jeûne pas pour se faire mal. Il n'est pas masochiste. Il jeûne parce que, seul dans le désert, il n'a pas faim.

Mon père était fier de la finesse de son exégèse. Il pensait avoir donné un avis définitif sur la valeur, le sens et le rôle du jeûne.

Un jour pourtant, il avait été pris de court. Alors que nous mangions, un vieil homme s'était invité à notre table. Il avait mangé en silence, s'était levé, avait payé, et avant de sortir, il avait lancé :

– Homme de Dieu, ne comprends-tu pas qu'il est venu ce temps où le jeûne est nécessaire ? Où sont tes oreilles pour entendre ? Ne comprends-tu pas qu'il nous faut maintenant montrer le chagrin et le deuil ? L'époux est parti et toi tu fais bombance ! La mariée porte le deuil et toi tu manges encore ! Ne sais-tu pas reconnaître les temps ? L'heure du jeûne est venue depuis longtemps !

Depuis cette rencontre, mon père avait décidé de jeûner un jour par an. Ça semblerait peu aux yeux de beaucoup, mais pour lui, c'était un vrai calvaire.

Il avait choisi le Vendredi saint pour ne rien manger. Il partageait ainsi un tout petit peu des souffrances du crucifié. Mais il s'était ajouté une difficulté en s'abstenant de faire savoir qu'il jeûnait. Il avait inventé le «jeûne joyeux». Il pensait qu'un vrai jeûne ne devait jamais être ostensible. Il appliquait à la lettre les conseils de son Sauveur: *Quand vous jeûnez, ne prenez pas un air sombre comme font les hypocrites: ils prennent une mine défaite pour bien montrer aux hommes qu'ils jeûnent. En vérité, je vous le déclare: ils ont reçu leur récompense. Pour toi, quand tu jeûnes, parfume-toi la tête et lave-toi le visage, pour ne pas montrer aux hommes que tu jeûnes, mais seulement à ton Père qui est là dans le secret; et ton Père, qui voit dans le secret, te le rendra* (Matthieu 6, 16 à 18).

Pendant des années, il est parvenu à jeûner sans que personne ne s'en doute. Et pourtant, il jeûnait ouvertement. Il ne s'enfermait pas dans son bureau. Il participait aux activités sociales. Comme tous les autres jours de l'année, il mangeait au restaurant. Enfin, il ne mangeait pas, il en donnait seulement l'impression. Il s'asseyait à table, attendait son plat et faisait mine de manger. Je ne suis pas sûr que cette fierté ait correspondu à l'intention du texte. A-t-il réussi à abuser ma mère? Je ne pense pas. Mais à moi, il a fallu presque vingt ans pour découvrir que mon père jeûnait! Je regrette d'avoir été si lent. Je crois que j'aurais aimé jeûner avec lui.

1.
Jésus

Mes parents ne m'ont pas seulement nourri. Ils m'ont aussi instruit. Ils m'ont même fait lire la Bible. Personne ne s'étonnera que je l'aie découverte au travers des récits de repas.

Mon père m'avait prévenu :

– Quand les Évangiles racontent un repas, tu peux toujours t'attendre à un coup de théâtre. D'ailleurs, les repas de Jésus sont probablement mis en scène. Ils ne se sont pas tous toujours déroulés comme les évangélistes les racontent et n'ont peut-être même jamais eu lieu. Mais quelle importance ? Tu pourras toujours ergoter, pinailler sur les détails. Peu importe ! Tous les récits de repas fournissent la même impression. La répétition, l'accumulation ne laisse planer aucun doute : Jésus ne crachait ni sur la nourriture, ni sur le vin. Les repas étaient pour lui des lieux privilégiés, des temps précieux pour se dire l'essentiel. Quand on mange, les oreilles s'ouvrent. Peut-être parce que les autres sens sont mobilisés et que la bouche ne peut plus parler. J'en suis intimement persuadé, le meilleur lieu pour annoncer l'Évangile n'est pas l'église ou la salle de catéchisme, mais la salle à manger. Et le meilleur moment, celui du repas !

Ma mère l'avait pris au mot. Elle avait fait de sa cuisine un lieu d'évangélisation. Je passais le mercredi après-midi à l'écouter me lire des histoires bibliques. J'emmenais des amis – et des amies ! – qui, pour cacher leur plaisir à écouter ces vieilles histoires, pouvaient toujours prétendre qu'ils ne venaient que pour manger. Car ma mère n'aurait jamais commencé à parler sans nous avoir nourris. C'était probablement la raison de son succès. Profitant du creux de l'après-midi, elle nous accueillait, nous proposant quelques restes réchauffés ou nous faisant goûter une nouvelle recette. Elle s'asseyait sur un haut tabouret. Nous nous installions où nous pouvions. Et puis elle ouvrait sa Bible.

En communicatrice avertie, elle commençait souvent par des récriminations :

– Mais regardez ça, on ne sait jamais ce que Jésus mange ! On ne nous dit jamais les menus ! On voit bien que ce sont des hommes qui ont écrit ces histoires ! Ils mettent toujours l'accent sur les circonstances et les convives. Mais bon sang, le contenu des assiettes n'est pas indifférent. Ou alors peut-être qu'ils ont quelque chose à cacher ? Jésus aurait-il mangé ce qu'interdisent les lois juives ? J'en serais étonnée. S'il l'avait fait, on l'aurait su, on l'aurait dit ! Les évangélistes ne se gênent pas pour rapporter que le fils de Marie transgressait le sabbat ou qu'il mangeait avec des parias. Mais il n'est jamais écrit qu'il a mangé du porc par exemple. Si on est ce qu'on mange, alors Jésus est incontestablement juif. Et avec tout ce qu'il mangeait, il devait être beaucoup juif.

L'onction de Béthanie

Ma mère avait une façon particulière de lire la Bible. Elle tressait la lecture avec ses propres commentaires. Elle nous posait parfois des questions, mais elle n'attendait jamais nos réponses. Aucun de nous n'aurait osé l'interrompre. D'ailleurs, nous n'étions jamais vraiment sûrs qu'elle s'adressait à nous.

– Jésus ne se goinfrait pas tous les jours ; son mode de vie ne le lui permettait pas. Lorsqu'il y avait peu à manger, Jésus mangeait frugalement. Lorsqu'il n'y avait rien à manger, Jésus jeûnait. Mais lorsqu'il avait faim et que la nourriture était disponible, c'était la « gavade ». Ses repas étaient rarement des repas ordinaires. Ou plutôt, Jésus a fait de plusieurs de ses repas, des événements extraordinaires, des occasions de rencontres, de conversations, de partages et d'enseignements. Jésus ne mange donc pas seul. On l'invite à manger pour profiter de sa notoriété. On s'incruste pour profiter de son enseignement. Écoutez cette histoire : *Un pharisien invita Jésus à manger avec lui ; il entra dans la maison du pharisien et se mit à table* (Luc 7, 36). Elle est drôlement banale. Jésus est invité à manger. Pas de quoi en faire un plat! Oui, mais Jésus mange chez l'un de ceux qui le combattent, un pharisien. Simon, c'est son nom, n'a pas honte d'inviter Jésus. Et Jésus n'hésite pas à répondre favorablement. Il ne joue pas les timides ou les sectaires. Il entre et se couche à table. En Palestine, comme dans tout l'empire romain, on mangeait couché sur un divan. Vous me direz qu'il y a une autre version de la même histoire. Oui! Dans l'Évangile de Marc, Simon est lépreux et Jésus mange avec lui. Un lépreux d'un côté, un pharisien de l'autre: qui a raison? Marc ou Luc? Je n'en sais rien, moi! Surtout qu'un pharisien peut attraper la lèpre! Mais que Simon soit lépreux ou pharisien ne change rien. Dans les deux cas, Jésus dérange. S'il mange chez un lépreux, il dérange ceux qui tiennent les lépreux à l'écart. S'il mange chez un pharisien, il dérange ceux qui font des pharisiens les ennemis de Jésus. Du reste, Simon est un pharisien plutôt sympathique. Mais une femme va révéler ses limites...

Il arrivait à ma mère de mimer les scènes qu'elle racontait. Au gré des besoins, elle nous attribuait des petits rôles. Mais chacun restait à sa place: nous étions toujours des figurants et ma mère incarnait les personnages principaux.

– *Survint une femme de la ville qui était pécheresse; elle avait appris qu'il était à table dans la maison du pharisien.* Ma mère, ayant apporté une bassine pleine d'eau, s'agenouillait et obligeait l'un d'entre nous à se déchausser. *Apportant un flacon en albâtre et se plaçant par derrière, tout en pleurs aux pieds de Jésus, elle se mit à baigner ses pieds de larmes; elle les essuyait avec ses cheveux, les couvrait de baisers et répandait sur eux du parfum* (J'ai craint qu'elle ne vide le flacon que Papa lui avait offert pour la Saint Valentin). *Voyant cela, le pharisien qui l'avait invité se dit en lui-même: Si cet homme était un prophète, il saurait qui est cette femme qui le touche et ce qu'elle est. Une pécheresse.* Simon a pensé «une salope». Simon n'a pas osé le dire, mais il l'a pensé. Il l'a pensé si fort que Jésus l'a entendu. Il met les points sur les «i». *Se tournant vers la femme, Jésus dit à Simon: Tu vois cette femme. Je suis entré dans ta maison: tu ne m'as pas versé de l'eau sur les pieds, mais elle, elle a baigné mes pieds de ses larmes et elle a essuyé avec ses cheveux. Tu ne m'as pas donné de baiser, mais elle, depuis qu'elle est entrée, elle n'a pas cessé de me couvrir les pieds de baisers. Tu n'as pas répandu d'huile odorante sur ma tête, mais elle, elle a répandu du parfum sur mes pieds. Si je te déclare que ses péchés si nombreux ont été pardonnés, c'est parce qu'elle a montré beaucoup d'amour. Mais celui à qui on pardonne peu montre peu d'amour. Il dit à la femme: Tes péchés ont été pardonnés* (Luc 7, 37 à 48). Pourquoi Simon se fâche-t-il? Sûrement parce que la femme n'est pas «convenable». Mais je crois qu'il y a encore plus. Simon est jaloux de cette femme. En invitant Jésus à manger, il croyait bien faire. Et il a bien fait. Mais il a trouvé plus fort que lui. Il a été battu, battu par une femme, battu par une pécheresse. La concurrence s'est révélée déloyale. La femme utilise des armes de femme. Est-ce que vous serez choqué si je dis qu'elle est amoureuse de Jésus ? Car le geste de la femme est un geste amoureux. Moi je rêve de rencontrer un homme prêt à en faire autant… Ah, folie de l'amour… Mais rassurez-vous ou regrettez-le, Jésus n'entre pas en matière. Il ne répond pas en homme, mais en Fils de Dieu. À la pécheresse, il pardonne les péchés. C'est aussi une preuve d'amour. Mais vous ne m'ôterez pas de l'idée que la femme en espérait un peu plus ou un peu moins. À la femme, il aurait pu offrir un baiser. Un simple baiser aurait suffi à la rendre heureuse. Pas vrai les filles ?

Au lieu d'une douce voix féminine, c'est mon père que nous avons entendu :

– C'est encore plus grave que ça ! Le malentendu n'est pas même romantique. Ce n'est hélas qu'une simple histoire d'argent. Nous les hommes, parce que nous achetons les parfums, nous pensons toujours au prix qu'ils nous ont coûté.

Mon père devait écouter depuis un moment déjà. Il n'avait pu s'empêcher d'intervenir, un peu maladroitement peut-être. Il ne voulait pas contredire ma mère, mais plutôt confirmer ce qu'elle disait. Il a continué :

– L'Évangile de Marc raconte le même épisode, mais dans des termes un peu différents. *Jésus était à Béthanie dans la maison de Simon le lépreux et, pendant qu'il était à table, une femme vint, avec un flacon d'albâtre contenant un parfum de nard, pur et très coûteux. Elle brisa le flacon d'albâtre et lui versa le parfum sur la tête.* C'est plus noble que les pieds. *Quelques-uns se disaient entre eux avec indignation : A quoi bon perdre ainsi ce parfum ? On aurait bien pu vendre ce parfum-là plus de trois cents pièces d'argent et les donner aux pauvres ! Et ils s'irritaient contre elle. Mais Jésus dit : Laissez-la, pourquoi la tracasser ? C'est une bonne œuvre qu'elle vient d'accomplir à mon égard. Des pauvres en effet, vous en avez toujours avec vous, et quand vous voulez, vous pouvez leur faire du bien. Mais moi, vous ne m'avez pas toujours. Ce qu'elle pouvait faire, elle l'a fait : d'avance, elle a parfumé mon corps pour l'ensevelissement* (Marc 14, 3 à 8). C'est un geste d'amour, donc déraisonnable. Quelques convives, peut-être même des disciples, s'en offusquent ! Gaspiller bêtement un parfum de grand prix n'a pas de sens. Mais quand on aime, on ne compte pas… Ou si l'on commence à compter, on doit tout compter et surtout l'argent dépensé pour le repas. Avec la même somme, on aurait certainement pu nourrir plus simplement davantage de gens. Curieusement, cette idée n'effleure même pas les dîneurs. Peu importe que Simon dépense son argent pour un banquet, mais que la femme utilise un parfum très coûteux, voilà qui serait scandaleux. Ma femme a raison, le parfum, c'est une histoire de femmes. Les hommes ne peuvent pas comprendre !

Ma mère s'était approchée de lui. Elle lui caressa la joue :

– Mais non, chéri, tu te sous-estimes. Même toi, même vous, vous pouvez court-circuiter la raison et penser avec vos sens, avec votre cœur. Qu'importe le prix du parfum si la valeur du geste est inestimable ! Jésus sait apprécier le moment. Il avait bien mangé et maintenant il sent bon. Tous ses sens sont comblés. Pour un instant, Simon et la femme donnent à vivre la vraie vie, celle dont parle le livre de l'Ecclésiaste : *Va, mange avec joie ton pain et bois de bon cœur ton vin, car déjà Dieu a agréé tes œuvres. Que tes vêtements soient toujours blancs et que l'huile ne manque pas sur ta tête ! Goûte la vie avec la femme que tu aimes* (Ecclésiaste 9, 7 à 9). Les convives ne sentent pas combien, ce jour-là, ils se sont rapprochés du paradis.

– Et ils ne comprennent pas la portée du geste de la femme, ajouta mon père. Car c'est ici que Jésus est fait Messie. C'est à Béthanie, par l'onction d'une femme que Jésus est institué Christ !

Mes parents se sont regardés puis lentement, ils se sont embrassés. Quelque chose se passait. Ma mère tirait mon père par la main. Peut-être que cette histoire d'amour leur avait donné des idées ?

Mon père a juste eu le temps de glisser :
– Si vous voulez entendre une autre histoire d'odeur et de pieds, venez dimanche au culte.

Le restaurant a ouvert avec un peu de retard ce soir-là.

Le lavement des pieds

Le dimanche suivant, le temple n'était pas plein. Mais on remarquait dans l'assistance, présences inhabituelles, plusieurs têtes jeunes. La liturgie nous parut fort longue. Nous attendions tous le moment de la prédication et moi avec un peu d'appréhension. Enfin, mon père est monté en chaire pour prêcher.

> « Chers frères et sœurs en Christ.
>
> Jean est le seul à raconter le lavement des pieds. Ce récit n'apparaît que dans l'Évangile, de Jean. Il y occupe la place que Matthieu, Marc et Luc donnent à la cène. On peut imaginer que, dans la communauté pour laquelle cet Évangile a été écrit, le lavement des pieds a joué à l'origine le même

rôle que la cène dans les autres communautés chrétiennes. Peut-être que des disciples de Jésus, des chrétiens, ont lavé les pieds de leurs amis, comme d'autres partageaient le pain et le vin ? Peut-être que certains ont fait ce geste en mémoire de lui ?

Une chose est sûre, c'est ce que raconte Jean, au début de la deuxième partie de son Évangile, celle qui va se terminer par la mort et la résurrection de Jésus.

Au cours d'un repas, alors que déjà le diable avait jeté au cœur de Judas Iscariote, fils de Simon, la pensée de le livrer, sachant que le Père a remis toutes choses entre ses mains, qu'il est sorti de Dieu et qu'il va vers Dieu, Jésus se lève de table, dépose son vêtement et prend un linge dont il se ceint. Il verse ensuite de l'eau dans un bassin et commence à laver les pieds des disciples et à les essuyer avec le linge dont il était ceint. Il arrive ainsi à Simon-Pierre qui lui dit : Toi, Seigneur, me laver les pieds ! Jésus lui répond : Ce que je fais, tu ne peux le savoir à présent, mais par la suite, tu le comprendras. Pierre lui dit : Me laver les pieds à moi ! Jamais ! Jésus lui dit : Si je ne te lave pas, tu ne peux pas avoir part avec moi. Simon-Pierre dit : Alors Seigneur, non pas seulement les pieds mais aussi les mains et la tête (Jean 13, 2 à 9).

Par son geste, Jésus donne un contenu à sa fonction de Messie. Les enfants ont appris cette semaine auprès de ma femme que c'est à Béthanie que Jésus reçoit l'huile de son onction. Le moins que l'on puisse dire, c'est que le déroulement est peu conforme au protocole royal : le sacre a lieu hors d'un lieu saint ; l'onction n'est pas administrée par une personne consacrée ; et le parfum remplace l'huile.

Un seul geste de Jésus, un geste scandaleux, proprement inacceptable, va confirmer qu'il n'est pas un messie comme les autres : le roi va s'abaisser jusqu'à laver les pieds de ses sujets. Que le maître lave les pieds de ses disciples, la raison peine à l'admettre. Le roi règne et les sujets obéissent, telle est la règle.

Mais cette fois, dans ce repas, il n'y a pas que la raison à être gênée. Les sens souffrent. À Béthanie, c'était l'odeur du parfum qui avait rempli la maison, là, c'est celle des pieds sales. On a envie de dire : « Non, pas les pieds, pas à table ! ». C'est une question de savoir-vivre ! Existe-t-il partie du corps plus salissante que le pied ? Surtout lorsqu'on marche des jours entiers sur des routes poussiéreuses ! L'usage de la sandale diminue certes la transpiration, mais augmente la crasse. Jésus met aussi ses pieds dans le plat en lavant ceux de ses disciples.

Et pourquoi fait-il ce geste au cours d'un repas ? Pourquoi pas avant d'entrer dans la maison ? Je pense justement que ce geste n'aurait pas pu se faire ailleurs qu'à table. Il fallait avoir mangé ensemble pour supporter ce geste. La commensalité et la communion d'esprit qu'elle entraîne rendent à peu près acceptable ce qui, le reste du temps, paraîtrait scandaleux. Car le geste d'amour, n'importe quel geste d'amour – ce geste qui donne le goût du royaume de Dieu – n'est pas toujours facile ni toujours beau. Il sent parfois le parfum rare, mais souvent les pieds sales !

De toutes façons, laver les pieds ou les baigner de parfum témoignent de la même disponibilité, du même engagement, de la même notion de service. C'est toujours un cadeau. Et ces deux gestes provoquent exactement la même incompréhension. Ils sont insupportables tellement ils sortent de l'ordinaire. Selon le sens commun, ça ne se fait pas, ce n'est pas bien. Mais autour d'une table, cet amour devient acceptable, parce que le partage du repas rend les convives plus disponibles, plus généreux, plus réceptifs. Le ventre plein, il est plus facile de donner et surtout de recevoir.

Si l'eau fraîche sur les pieds brûlés par la marche peut symboliser le bonheur à venir, le lavement des pieds fait surtout comprendre la nécessité de l'humilité et du service.

Amen ! »

Mes copains et moi avions trouvé que c'était « plutôt cool… pour un pasteur » !

La guérison d'un hydropique

Chaque semaine ou presque ma mère racontait et commentait un récit de repas.

– On dit : « Quand l'appétit va, tout va ». Mais il y a des repas indigestes, même quand Jésus est à table.

Ma mère est sortie de sa cuisine pour nous jouer la scène. Elle a frappé à la porte. Elle jouait « pour de vrai », pas « pour de rire ». Elle était capable d'attendre cinq minutes que l'un d'entre nous se décide à lui ouvrir.

– *Jésus était entré dans la maison d'un chef des pharisiens un jour de sabbat pour y prendre un repas ; ils l'observaient et justement un hydropique* (c'est-à-dire qu'il souffre d'une maladie de la peau) *se trouvait devant lui.* La rencontre ne s'annonce pas bien. Jésus n'est pas invité à manger, il entre dans la maison du chef des pharisiens. C'est lui qui prend l'initiative. Il n'est pas le bienvenu. Et d'ailleurs les pharisiens ne mangent pas avec Jésus, ils l'observent, ils le regardent manger. Le repas passe vite au second plan. *Jésus prit la parole et dit aux légistes et aux pharisiens : Est-il permis ou non de guérir un malade le jour du sabbat ? Mais ils gardèrent le silence.* J'imagine que tout s'arrête. Chacun reste la main en l'air, la bouche ouverte. Personne n'ose plus manger. Heureusement, le dénouement arrive vite : *Jésus, prenant le malade, le guérit et le renvoya* (Luc 14, 1 à 4).

Tout est bien qui finit bien. Pour le malade en tout cas. Mais le repas est gâché. Même Jésus en oublie de manger. Il enchaîne paroles et paraboles. La nourriture, de matière à digérer, devient un sujet d'enseignement. Jésus entame un cours de savoir-vivre : comment s'asseoir à table ? comment choisir ses invités ? comment s'excuser sans vexer son hôte ? Les pharisiens ne sont plus, s'ils l'ont jamais été, des « copains » – littéralement, jeunes ignorants, ceux qui partagent le même pain. Ils sont devenus des élèves, plus probablement des juges. Personne ne peut plus rien avaler. Je vous assure que si j'avais été aux fourneaux, ça ne se serait pas passé comme ça. J'aurais servi une carpe farcie qui aurait mis tout le monde d'accord.

Ma mère ne terminait jamais sur une occasion manquée, sur un repas dont les plats et les propos sont indigestes ! Elle aurait eu trop peur de nous couper l'appétit. Et couper l'appétit était pour ma mère le plus capital des péchés capitaux.

– Les occasions manquées sont heureusement rares. En général, Jésus appréciait les repas et ceux qui le connaissaient le savaient. Lorsque Lévi accepte de suivre Jésus, il improvise un banquet. *Lévi fit à Jésus un grand festin dans sa maison ; et il y avait toute une foule de collecteurs d'impôts et d'autres gens qui étaient à table avec eux* (Luc 5, 29). Jésus se met à table et la fête commence. Une fête qui rassemble ceux qui se sentent proches de Jésus. Mais ce sont des gens si peu fréquentables que les bien-pensants – les pharisiens encore une fois, ce sont toujours eux qui se font engueuler – expriment leur réprobation. Comment Jésus peut-il préférer la compagnie des pécheurs ? Ils ne peuvent comprendre que dans un repas, c'est l'amour qui donne aux plats leur saveur. Et pourtant, la solution était inscrite dans les Écritures. Ils la connaissaient : *Mieux vaut un plat de légumes là où il y a de l'amour qu'un bœuf gras assaisonné de haine !* (Proverbes 15, 17).

Les noces de Cana

Ma mère suivait une sorte de cycle annuel. Quand arrivait le temps des vendanges, elle lisait toujours le récit des noces de Cana.

Attention, elle n'annonçait jamais le programme. La surprise faisait partie de notre plaisir à venir l'écouter. Mais pour Cana, c'était différent. Quelques signes me prévenaient que le temps était venu.

À la veille du grand jour, ma mère semblait trop heureuse, même si elle feignait l'indifférence. Elle savait qu'elle allait remporter un vif succès. Elle choisissait une bouteille de vin, qu'elle réservait dans un coin. Elle agissait avec juste assez de discrétion pour ne pas me donner l'impression qu'elle avait besoin de publicité. Mais elle me laissait deviner ce qu'elle préparait. Elle espérait que j'annonce la nouvelle. Et je le faisais, évidemment. Cet après-midi-là, nous étions toujours plus nombreux que d'habitude. Il régnait comme un plus grand calme, un silence plus profond parmi nous. Nous sentions tous que c'était le récit à ne pas manquer.

– Lors d'un mariage, la réserve de vin est à sec. Plus une bouteille, ou plutôt plus une seule amphore. Quelle incompétence chez l'organisateur ! Où avait-il la tête ? On prévoit toujours plus ! À moins que le fournisseur ait refusé de reprendre le surplus ? Drame, crise, moment incertain, on frôle la catastrophe. Il faut le pouvoir de Jésus pour sauver la situation. *Il y avait là six jarres de pierre destinées aux purifications des Juifs ; elles contenaient chacune de deux à trois mesures. Jésus dit aux serviteurs : Remplissez d'eau ces jarres ; et ils les emplirent jusqu'au bord. Jésus leur dit : Maintenant, puisez-en et portez-en au maître du repas. Ils lui en portèrent et il goûta l'eau devenue vin – il ne savait pas d'où il venait à la différence des serviteurs qui avaient puisé l'eau –, aussi il s'adressa au marié et lui dit : Tout le monde offre d'abord le bon vin et, lorsque les convives sont gris, le moins bon. Mais toi, tu as gardé le bon vin jusqu'à maintenant !* (Jean 2, 6 à 10). Jésus change, d'un seul coup d'un seul, six jarres d'eau – on parle de 240 litres – en vin. Beau geste pour un premier miracle. Coup d'essai, coup de maître. Et puis Jésus soigne les détails. S'il avait fait de la piquette, personne ne lui en aurait voulu. Mais par orgueil, par goût du travail bien fait, ou parce qu'il sait que le contenu du verre influence l'humeur des buveurs, il produit un vin d'une telle qualité qu'il suscite l'étonnement et l'admiration du traiteur. Si Jésus n'avait rien fait, qui le lui aurait reproché ? Ni les invités, déjà éméchés, ni les jeunes mariés qui n'attendaient rien de lui. J'en connais qui vont même jusqu'à penser que cette profusion d'alcool n'ajoute rien à la gloire de Jésus. Mon père, un brave homme, pensait que ce miracle « n'était pas ce que Jésus avait fait de mieux » ! Mes enfants, il y aurait donc de bonnes raisons, des raisons très « chrétiennes », de ne pas s'attarder sur cet épisode. Et pourtant Jean estime que cette histoire doit trouver place dans son Évangile. *Tel fut, à Cana de Galilée, le commencement des signes de Jésus. Il manifesta sa gloire et ses disciples crurent en lui* (Jean 2, 11). Ironie du sort, c'est parce qu'il est capable de changer de l'eau en vin que les disciples croient en Jésus ! Tout a commencé par un tour digne des plus grands music-halls.

Ma mère alors se taisait. Elle débouchait une bouteille. Nous tendions nos verres vers elle. Elle nous les remplissait en disant :

– Au moment où…

Et nous répondions :

– … nous le boirons nouveau dans le Royaume de Dieu.

Et nous commencions la dégustation. Ma mère nous faisait parler du vin, de sa robe, de son bouquet et de son arôme. Par son savoir, elle complétait nos impressions. En même temps qu'elle formait notre goût, elle nous apprenait la modération. Aucun de nous n'est jamais sorti saoul de ces rencontres. Pourtant des parents étaient venus se plaindre. À leur intention, elle avait préparé une réponse garantie 100% biblique :

– *Pour qui les : « Ah ! » ? Pour qui les : « Hélas ! » ? Pour qui les querelles ? Pour qui les plaintes ? Pour qui les disputes sans raison ? Pour qui les yeux qui voient double ? Pour ceux qui s'attardent au vin, pour ceux qui recherchent les boissons capiteuses. Ne regarde pas le vin qui rougeoie, qui donne toute sa couleur dans la coupe et qui glisse facilement. En fin de compte, il mord comme un serpent, il pique comme une vipère. Tes yeux verront des choses étranges et ton esprit te fera tenir des propos absurdes. Tu seras comme un homme couché en pleine mer, couché au sommet d'un mât. On m'a frappé… ! Je n'ai pas mal ! On m'a battu… ! Je n'ai rien senti ! Quand m'éveillerai-je… ? J'en redemande encore !* (Proverbes 23, 31 à 35). Mais étant donné que a) *Dieu donne de la rosée du ciel et de gras terroirs, du froment et du vin nouveau en abondance !* (Genèse 27, 28) ; que b) *Le vin réjouit le cœur des humains en faisant briller les visages plus que l'huile.* (Psaume 104, 15), je continuerai à servir du vin aux enfants qui le souhaitent.

Ma mère restait toujours une mère. Elle nous répétait souvent que boire pour oublier ses problèmes, c'est passer à côté de choses essentielles :

– *Tenez-vous sur vos gardes, de crainte que vos cœurs ne s'alourdissent dans l'ivresse, les beuveries et les soucis de la vie, et que ce jour-là, celui de la venue du Fils de l'Homme, ne tombe sur vous à l'improviste comme un filet* (Luc 21, 34).

Elle était beaucoup plus sévère avec les adultes. Elle ne ménageait pas même mon père. Lorsqu'il avait trop bu – je précise que cela lui arrivait rarement – elle lui citait Ésaïe :

– *Prêtres et prophètes sont égarés par le vin, ils titubent sous l'effet de boissons fortes, la boisson les égare, le vin les engloutit, ils titubent sous l'effet des boisons fortes, ils s'égarent dans les visions, ils trébuchent en rendant leurs sentences. Toutes les tables sont couvertes de vomissements infects : pas une place nette* (Ésaïe 28, 7 et 8).

Mon père lui répliquait la bouche pâteuse :

– Oui, femme, je suis ivre ! mais ivre de grâce et de foi. Tu te méprends comme les spectateurs de la Pentecôte lorsqu'ils ont confondu les effets de l'Esprit et ceux du vin doux !

La multiplication des pains

Tout ce que ma mère racontait nous semblait évident. Même la réalité des miracles ne nous posait plus aucun problème.

– De nombreuses personnes ont passé la journée avec Jésus. Et le soir, ils ont eu faim. *Comme il était déjà tard, ses disciples s'approchèrent de lui pour lui dire : L'endroit est désert et il est déjà tard. Renvoie-les : qu'ils aillent dans les hameaux et les villages des environs s'acheter de quoi manger. Mais il leur répondit : Donnez-leur vous-mêmes à manger. Ils lui disent : Nous faut-il aller acheter pour deux cents pièces d'argent de pain et leur donner à manger ? Il leur dit : Combien avez-vous de pain ? Allez voir ! Ayant vérifié, ils disent : Cinq et deux poissons. Et il leur commanda d'installer tout le monde par groupes sur l'herbe verte. Ils s'étendirent par rangée de cent et de cinquante. Jésus prit les cinq pains et les deux poissons, et levant son regard vers le ciel, il prononça la bénédiction, rompit les pains et il les donnait aux disciples pour qu'ils les offrent aux gens. Il partagea aussi les deux poissons entre tous. Ils mangèrent tous et furent rassasiés. Et l'on emporta les morceaux qui remplissaient douze paniers, et aussi ce qui restait des poissons. Ceux qui avaient mangé les pains étaient cinq mille hommes* (Marc 6, 35 à 44).

Le récit enthousiasmait ma mère. Ses yeux brillaient.

– Encore un exploit ! Jésus parvient à nourrir cinq mille hommes, ou même, en comptant pour une fois les femmes et les enfants, quinze mille êtres humains, avec cinq pains et deux poissons. Jésus donne à manger à toute cette foule qui vient l'écouter. Jésus remplit leur ventre après avoir rempli leur cœur. Il nourrit leur estomac après avoir nourri leur foi. Il y a un ordre de priorité, d'abord l'enseignement ensuite les aliments. Mais la distribution du pain et des poissons fait encore partie de la prédication. Jésus y tient, tous doivent être rassasiés. Tous sauf lui. Dans ce récit, rien n'indique que Jésus mange. Jésus s'occupe des autres. Il se soucie d'eux, il ne les achète pas. Il sait faire la différence. S'il leur donne à manger, c'est une seule fois, pour empêcher que cela ne devienne une habitude. Pourtant nourrir les gens, leur permettre de survivre, ce pourrait être le meilleur moyen de les fidéliser. Si Jésus avait accepté de changer les pierres en pain, quel succès il aurait connu ! Il aurait compté ses partisans par milliers. Mais Jésus a refusé ce geste facile, cette corruption. *Le diable lui dit : Si tu es le Fils de Dieu, ordonne à cette pierre de devenir du pain. Jésus lui répondit : Il est écrit : ce n'est pas seulement de pain que l'homme vivra* (Luc 4, 3 et 4). Quand Jésus s'occupe de nourriture, il ne se montre pas chiche. Vin, pain ou poisson, les rations ne sont jamais maigres. La pêche est miraculeuse et la moisson est grande. La paix de l'âme passe par la satisfaction de l'estomac. Jésus mange et fait manger, au point de se montrer scandaleusement injuste lorsqu'il n'a pas pu satisfaire son appétit : *En sortant de Béthanie, il eut faim. Voyant de loin un figuier qui avait des feuilles, il alla voir s'il n'y trouverait pas quelque chose. Et s'étant approché, il ne trouva que des feuilles, car ce n'était pas le temps des figues. S'adressant à lui, il lui dit : Que jamais plus personne ne mange de tes fruits ! Et ses disciples écoutaient* (Marc 11, 12 à 14). Pauvre figuier, innocent et sans défense. Il n'y peut rien, ce n'est pas même la saison des figues. Pour juger un arbre à ses fruits, il faut au moins avoir la patience d'attendre que les fruits poussent. Mais Jésus a tranché sans délai. D'une admirable mauvaise foi, dans un accès de rage, il a puni le figuier. Et les disciples ont écouté. Pas un n'a bronché, pas une seule remarque. Ils ont simplement rapporté cette histoire, sans qu'elle leur pose de problèmes. On la connaît encore aujourd'hui, sous le nom du figuier stérile. Mais le figuier n'est pas stérile. L'histoire est celle de Jésus que la faim rend fou.

La pêche miraculeuse

Nous avons eu l'occasion de nous rendre compte que pour ma mère, l'Évangile ne se limitait pas aux histoires qu'elle nous racontait. C'était sa façon de vivre.

– Maman, lui ai-je proposé un jour, vendredi prochain, avec Franck, Michel et Alain, nous aimerions aller pêcher. Serais-tu d'accord de préparer et cuisiner les poissons que nous aurons attrapés ? Nous pourrions même vous inviter, toi et papa !

Après avoir évalué les conséquences d'un éventuel refus, ma mère avait préféré accepter la proposition.

Nous avons minutieusement préparé notre expédition. La veille, nous avons rassemblé le matériel nécessaire, cannes, fil de nylon, hameçons – en grand nombre, sait-on jamais – plombs et bouchons. Pour augmenter nos chances de réussite, nous avons remplacé l'appât traditionnel – du pain sec – par des asticots

Dès la fin de l'école, nous nous sommes installés au bord du lac et nous sommes mis à pêcher. Hélas, au bout de trois heures de ruses de sioux, nous n'avions attrapé qu'une minuscule proie qu'il faisait pitié de voir tourner seule dans la nasse. Piteux, mais affamés, nous avons mis notre orgueil dans nos poches heureusement fort larges et avons regagné le restaurant.

Nous avons montré notre pêche à ma mère.

– Asseyez-vous, nous proposa-t-elle. Je vais voir ce que je peux faire.

À notre grand étonnement, elle revint rapidement avec des assiettes copieusement garnies. Ce soir-là, nous avons mangé les plus délicieux poissons que nous avions jamais goûtés.

Pour qu'un si petit poisson puisse tous nous rassasier, il avait fallu à la cuisinière un pouvoir qu'aucun pasteur ne pouvait revendiquer. À moins que la forme et le goût du poisson – de la sole incontestablement – témoignent plutôt de la grandeur de l'amour maternel.

Elle aussi s'était refusée à nous renvoyer le ventre vide.

L'homme ne vivra pas de pain seulement

Mon père était un peu fâché de ces lectures bibliques en cuisine. Il trouvait que ma mère lui faisait de la concurrence déloyale. Lui s'évertuait à rassembler ses jeunes paroissiens à l'école du dimanche ou au catéchisme, avec ses mots et son imagination, une salle de paroisse, un classeur et quelques vidéos. Il ne pouvait pas lutter contre ma mère, ses tartes, son garde-manger et sa cave !

Il affichait son désaccord sur des petits papiers jaunes qu'il collait un peu partout. Ma mère n'était pas en reste. Elle avait choisi la couleur rose pour placarder ses répliques. La bataille était parfois rude, mais elle avait ses règles tacitement acceptées : toutes les remarques devaient s'appuyer sur un verset biblique ; personne ne devait arracher les messages de son contradicteur. Et grâce aux couleurs, je savais toujours d'où venaient les « coups ».

Un matin, j'ai trouvé un message jaune sur la table du petit-déjeuner :

– Il n'y a pas que la nourriture dans la vie. *Ce n'est pas seulement de pain que l'homme vivra, mais de toute parole sortant de la bouche de Dieu* (Matthieu 4, 4).

À midi, la réplique rose était collée sur le téléphone :

– Il faut bien manger pour vivre, et même pour survivre. Jésus assure à la fois la vie et la vie éternelle. Lui, il donne le vin et l'eau vive, le pain et le pain de vie. *En vérité, en vérité, je vous le dis, ce n'est pas Moïse qui vous a donné le pain du ciel, mais c'est mon Père qui vous donne le pain du ciel. Car le pain de Dieu, c'est celui qui descend du ciel et qui donne la vie au monde. C'est moi qui suis le pain de vie : celui qui vient à moi n'aura pas faim, celui qui croit en moi jamais n'aura soif* (Jean 6, 32 à 35).

Le soir, un papier jaune décorait le réfrigérateur :

– Si Jésus a vraiment mangé autant qu'une certaine femme le raconte, pourquoi n'était-il pas gras ? *Les disciples le pressaient : Rabbi, mange donc. Mais il leur dit : J'ai à manger une nourriture que vous ne connaissez pas. Sur quoi, les disciples se dirent entre eux : Quelqu'un lui aurait-il donné à manger ? Jésus leur dit : Ma nourriture, c'est de faire la volonté de celui qui m'a envoyé et d'accomplir son œuvre* (Jean 4, 31 à 34).

Ma mère avait immédiatement répondu avec trois papiers roses.

– Jésus n'est pas gros parce qu'il ne mange que très rarement. Il est à table, mais il n'avale rien. Il parle beaucoup, il parle toujours. Il ne risque pas de grossir, il ne mange rien.

– A la différence d'un homme que je connais, Jésus fait du sport. Il n'arrête pas de marcher.

– Jésus n'avait pas la chance de pouvoir manger dans un fameux petit restaurant dont je tairai le nom. Sa nourriture était très frugale et les banquets des exceptions. Jésus a souvent bu de l'eau ou du vin. Il a mangé du poisson grillé, du pain, des olives et des fruits. Et même moins, parfois. *Un jour de sabbat, Jésus vint à passer à travers des champs de blé. Ses disciples eurent faim et se mirent à manger* (Matthieu 12, 1). Si Jésus suivait le même régime que ses disciples, il ne risquait pas de grossir…

J'avais mis un terme au débat en collant sur leurs oreillers un papier vert :

– Il y a encore plus important que la Parole et la bouffe ! *La vie n'est-elle pas plus que la nourriture ?* (Matthieu 6, 25).

Bien sûr qu'elle l'est. Nous étions tous d'accord. Mais tout le monde préfère partager la Parole de Dieu le ventre plein, ma mère et mon père en particulier !

Les repas du Ressuscité

Lorsque la situation était grave, mes parents savaient suspendre leurs chamailleries. À la fin d'un automne, un élève de notre école mourut dans un accident de la route. Ce décès nous avait beaucoup marqués. C'était la première fois que nous voyions la mort, un mort, de près.

Quand nous sommes entrés dans la cuisine, le mercredi suivant, ma mère et mon père était déjà installés. Ils avaient visiblement préparé ce qu'ils allaient dire et choisi plusieurs textes bibliques. Nous pouvions voir les marque-pages.

Ma mère a pris la parole.

– Mes enfants, nous allons essayer d'être sérieux. Vous

aurez d'ailleurs remarqué qu'il n'y a rien à manger. C'est que ce moment est important. Depuis le temps que je vous le répète, vous savez que Jésus a mangé sa vie durant et qu'il a cherché à satisfaire l'appétit de tous ceux qui l'entouraient. Cet après-midi, nous allons vous révéler le grand secret : Jésus a continué de manger après sa mort. Oui, mort, il mange encore !

Mon père a poursuivi, en apportant quelques précisions.

– Trois Évangiles, sur quatre, s'accordent pour signaler que les onze disciples restant ont aperçu Jésus ressuscité pendant un repas. Accord troublant pour une apparition dans un étrange moment. Cas à part, l'Évangile de Matthieu. On y lit la version la plus sobre des apparitions de Jésus. Le Christ ressuscité apparaît à ses disciples réunis sur une montagne de Galilée. Pas de mention d'un quelconque repas. Jésus livre ses dernières paroles et disparaît. Pour Marc par contre, *Jésus se manifesta aux Onze alors qu'ils étaient à table* (Marc 16, 14). Rien n'indique qu'il ait dîné avec eux. C'est pourtant bien pendant qu'ils mangeaient que le Seigneur leur est apparu. Simple hasard, peut-être. Avec l'Évangile de Jean, le hasard disparaît. Car le récit d'une des apparitions mentionne explicitement la nourriture. Jésus se manifeste à ses disciples au bord d'un lac, au cours d'une partie de pêche. C'est son disciple préféré qui le reconnaît. Et comment le reconnaît-il ? Je vous le donne en mille : parce qu'il indique un coin si poissonneux que même réunis tous les disciples ne parviennent pas à remonter le filet. *Eh, les enfants, n'avez-vous pas un peu de poisson ? Non, lui répondirent-ils. Il leur dit : Jetez le filet du côté droit de la barque et vous trouverez. Ils le jetèrent et il y eut tant de poissons qu'ils ne pouvaient plus le ramener. Le disciple que Jésus aimait dit alors à Pierre : C'est le Seigneur !* (Jean 21, 5 à 6). Trop de poissons ! Merci qui ? Merci Jésus !

Mon père s'est tu, laissant ma mère continuer.

– C'est là que l'histoire devient intéressante. Ces poissons ne servent pas seulement à montrer son pouvoir. Jésus allume lui-même un feu. Il prépare le barbecue pour que les disciples puissent faire griller leurs poissons. À la vérité, Jésus doit un peu les forcer à manger. Devant ce mort revenu à la vie, les Onze ne peuvent rien avaler. Jésus insiste. *Il leur dit : Venez déjeuner. Aucun des disciples n'osait lui poser la question : Qui es-tu ? Ils savaient bien que c'était le Seigneur. Alors Jésus vient ; il prend le pain et le leur donne ; il fait de même avec le poisson* (Jean 21, 12 et 13). Comme une mère, Jésus nourrit ses disciples, mais il ne mange pas. Est-il ressuscité sans estomac ? Avant de répondre, il reste encore l'Évangile de Luc. Écoutez les explications d'un spécialiste.

Mes parents maîtrisaient bien le suspens. Les révélations étaient allées crescendo. Nous sentions que le dénouement était proche.

– Luc raconte l'histoire de deux disciples qui rencontrent Jésus sur le chemin qui les conduit au village d'Emmaüs. Tout au long du chemin, ils vont discuter avec lui, sans jamais le reconnaître. Mais là où la parole ne convainc pas, le partage de la nourriture ouvre les yeux. *Quand il se fut mis à table avec eux, il prit le pain, prononça la bénédiction, le rompit et le leur donna. Alors leurs yeux furent ouverts et ils le reconnurent, puis il leur devint invisible* (Luc 24, 30 et 31). Jésus distribue le pain, mais il disparaît avant de manger. A-t-il encore faim ? Il ne mange toujours pas. La suite va chasser tous les doutes. Car à peine ont-ils reconnu Jésus que les deux disciples retournent à Jérusalem aussi vite que possible pour annoncer l'incroyable nouvelle : Jésus est vivant. Hâte bien inutile, à Jérusalem, on était déjà informé. *Comme les disciples parlaient ainsi, Jésus fut présent au milieu d'eux et il leur dit : La paix soit avec vous. Effrayés et remplis de crainte, ils pensaient voir un esprit. Et il leur dit : Quel est ce trouble et pourquoi ces objections s'élèvent-elles dans vos cœurs ? Regardez mes mains et mes pieds : c'est bien moi. Touchez-moi, regardez ; un esprit n'a ni chair, ni os, comme vous voyez que j'en ai. » À ces mots, il leur montra ses mains et ses pieds. Comme, sous l'effet de la joie, ils restaient encore incré-*

dules et comme ils s'étonnaient, il leur dit : Avez-vous ici de quoi manger ? Ils lui offrirent un morceau de poisson grillé. Il le prit et mangea sous leurs yeux (Luc 24, 36 à 43).

– Alléluia ! Enfin, Jésus mange, a ajouté ma mère. Le texte ne nous dit pas s'il a faim, mais il est précis : Jésus mange un morceau de poisson grillé et prouve ainsi qu'il n'est pas un esprit !

Elle s'est tue. Personne ne disait rien. Nous pressentions la conclusion, mais nous voulions l'entendre.

Ma mère a conclu :

– Votre copain est mort. Je crois, nous croyons qu'il est ressuscité. Nous croyons qu'il a maintenant la chance de manger ce qu'il aime, qu'il dîne avec Jésus, avec ses grands-parents, avec toutes celles et tous ceux qui sont morts. Je vous le dis en confidence, mais ne le répétez pas : je crois même que la cuisine qu'il mange là-bas est encore meilleure que la mienne… Mais s'il vous plaît, ne soyez pas pressés d'y goûter !

Les parents de mes amis furent sans doute étonnés de voir leurs enfants se resservir trois fois ce soir-là !

2.
L'Ancien Testament

Cela avait commencé comme un jeu. Ma mère avait lancé :

– Je parie que je suis capable de cuisiner toutes les nourritures dont parle l'Ancien Testament.

Je l'avais prise au mot. Nous nous étions mis d'accord. Je chercherais les aliments dans la Bible et je lui annoncerais mes découvertes le mercredi soir pour que nous planifiions ensemble les menus de la semaine suivante.

– De tout ce que je prépare, tu goûteras ! avait-elle ajouté comme onzième commandement et unique condition.

J'avais emprunté à mon père un dictionnaire biblique et je m'étais mis au travail. Après avoir vainement cherché « hamburger », « frites », « limonade » et « spaghetti », mon enthousiasme avait quelque peu diminué. Que pouvait-on bien manger à cette époque ? Je n'étais plus si sûr de vouloir goûter ces menus bibliques. Mais j'étais déjà un garçon consciencieux. Pour remplir mon devoir, il me fallait de l'aide. Je suis allé voir mon pasteur de père.

– Procédons avec ordre et méthode, me proposa-t-il. Ton problème – rassure-toi, il est classique – c'est d'avoir recherché dans la Bible ce qui te plaît. Et tu ne l'as pas trouvé, Dieu soit loué ! Eh oui, réfléchis ! Si un livre de la Bible avait mentionné ne serait-ce qu'un plat dont tu raffoles, tu te serais contenté de noter son nom et de passer ta commande à ta mère. Et tu n'aurais pas approfondi ta quête. Ton échec total t'oblige à reconsidérer l'ensemble de ta démarche, à recommencer avec une nouvelle approche. Ton fiasco est tout bénéfice. Il t'a rendu sage et modeste, puisqu'il t'a fait sentir le besoin de consulter un spécialiste. Le spécialiste te dit : « Essaye de te mettre à la place d'un personnage de l'Ancien Testament. Mets ses habits, glisse-toi dans sa peau. Pense comme lui. Deviens lui ». Toi, ce qui t'intéresse, c'est de manger quelque chose de bon. Erreur fatale. Un juif choisira sa nourriture d'abord en fonction de la Loi, ensuite seulement selon son goût. Dans son alimentation, comme dans tous les moments de sa vie quotidienne, il doit respecter la Loi que Dieu lui a donnée. On retrouve deux principes de base qui donnent le cadre général de toutes les interdictions alimentaires. Le premier ordonne : *Tout ce qui est sang, d'oiseau ou de bête, vous n'en mangerez pas* (Lévitique 7, 25) ; et le second commande : *Vous ne mangerez aucune bête crevée* (Deutéronome 14, 21). Il faut qu'elle soit tuée pour être mangée.

– Même si je vis au XXIe siècle, je suis prêt à respecter la deuxième règle. Mais pourquoi le sang est-il interdit ? C'est pourtant bon le boudin !

Avant que mon père ne se fâche, j'ai vite ajouté :

– Non, je plaisante. Je sais que ce n'est pas une affaire de goût.

– Tu oses rire d'un principe théologique élémentaire ? Dans la pensée hébraïque, le sang représente la vie. Consommer le sang d'un animal, même en petite quantité, même par accident, c'est s'approprier ses qualités. Interdire le sang permet de préserver l'homme de toute bestialité. *Si un homme faisant partie des fils d'Israël ou des émigrés installés parmi eux, prend à la chasse un animal ou un oiseau qui se mange, il en versera le sang et le recouvrira de terre ; car la vie de toute créature, c'est son sang, tant qu'elle est en vie* (Lévitique 17, 13 et 14). Ça, c'est la version théologique. Un anthropologue lirait peut-être dans la Loi le conflit entre les sédentaires et les nomades qui ne peuvent élever de porcs. Ta mère aurait peut-être une autre explication, plus hygiénique. Tu sais que, dans un climat chaud, la viande s'altère rapidement et devient vite impropre à la consommation. Celui qui mange une viande avariée risque de tomber malade et de mourir. L'interdiction de la consommation de charogne et de sang doit permettre d'éviter ces maladies. En faisant remonter ces lois à une injonction de Dieu, on garantit qu'elles ne seront pas transgressées. Comme beaucoup de lois, les restrictions alimentaires ne sont pas arbitraires. Elles doivent permettre aux hommes de vivre en paix et en bonne santé. Elles sont bonnes parce qu'elles sont bonnes pour les êtres humains.

C'était tout mon père ; il aimait tellement parler, il avait tant de choses à dire qu'il avait de la peine à s'arrêter. Mais pour une fois, il s'est rendu compte que je ne l'écoutais plus.

– Je parle trop. Je dois appliquer une pédagogie plus active. Alors, tu vas prendre une Bible pour lire toi-même les lois fondamentales relatives à la nourriture. Je vais m'absenter un moment. Et n'insinue pas que j'en profiterai pour me restaurer, même si c'est effectivement l'heure du thé. Tiens, je te propose un défi : si tu trouves les deux contradictions présentes dans les textes, je te servirai moi-même ton goûter !

Je me suis alors mis à lire en silence.

– *Voici les bêtes que vous pouvez manger : le bœuf, l'agneau ou le chevreau, le cerf, la gazelle, le daim, le bouquetin, l'antilope, l'oryx* (le dictionnaire disait : espèce d'antilope d'Afrique orientale), *la chèvre sauvage. Toute bête qui a le pied fendu en deux sabots et qui rumine, vous pouvez la manger. Ainsi, parmi les ruminants et parmi les animaux ayant des sabots fendus, vous ne mangerez pas ceux-ci : le chameau, le lièvre, le daman* (sur le dessin du dictionnaire, il ressemblait à un cobaye), *car ils ruminent, mais n'ont pas de sabots, pour vous, ils sont impurs. Et le porc, puisqu'il a des sabots, mais ne rumine pas, pour vous il est impur : vous ne devez ni manger leur chair, ni toucher leur cadavre. Parmi tous les animaux aquatiques, voici ce que vous pouvez manger : tout animal qui a nageoires et écailles, vous pouvez en manger* (il s'agissait probablement des poissons) ; *mais tout ce qui n'a pas nageoires et écailles, vous n'en mangerez pas, pour vous, c'est impur* (peut-être les crabes et les crevettes ?). *Tout oiseau pur, vous pouvez le manger. Mais voici les oiseaux que vous ne mangerez pas : l'aigle, le gypaète* (lui, je le connaissais, : un vautour barbu ; j'avais vu une exposition au Musée d'histoire naturelle), *l'aigle marin, le busard, le vautour et les différentes espèces de milans, toutes les espèces de corbeaux, l'autruche, la chouette, la mouette, les différentes espèces d'éperviers, le hibou, le chat-huant, l'effraie, la corneille, le charognard, le cormoran, la cigogne, les différentes espèces de hérons, la huppe et la chauve-souris* (merci la Bible, moi non plus, je ne veux pas en manger !). *Toute bestiole ailée est impure pour vous, on ne la mangera pas. Tout animal qui a des ailes et qui est pur, vous pouvez le manger* (Deutéronome 14, 4 à 20). *Toute bestiole ailée qui marche sur quatre pattes vous est interdite. Toutefois, de toutes les bestioles ailées marchant sur quatre pattes, voici celles que vous pouvez manger : celles qui, en plus des pattes, ont des jambes leur permettant de sauter sur la terre ferme* (ça devient compliqué). Une seconde liste confirmait et complétait la première : *Voici donc celles que vous pouvez manger : les différentes espèces de sauterelles, criquets, grillons et locustes* (que de noms pour parler de ces bestioles qui sautent !). *Mais toute bestiole ailée qui a simplement quatre pattes vous est interdite* (je n'en connais pas, je ne risque pas d'en manger !). *Des bestioles qui pullulent sur la terre ferme, voici celles qui vous sont impures : la taupe, la souris, les différentes espèces de grands lézards, le gecko, le lézard ocellé, le lézard vert, le lézard des sables et le caméléon* (quel dommage que le lézard soit interdit, j'avais toujours rêvé d'en manger). *Toutes les bestioles qui pullulent sur la terre ferme sont interdites : on ne les mange pas. Toutes ces bestioles qui pullulent sur la terre ferme, qu'elles se déplacent sur le ventre, ou qu'elles se déplacent sur quatre pattes ou davantage* (et celles à une, deux ou trois pattes ?), *vous ne les mangez pas, car elles sont interdites* (Lévitique 11, 20 à 42).

J'ai levé la tête. Mon père me regardait lire.

– Alors, tu as trouvé les deux anomalies ? La première pour ta tartine, et la seconde pour ton sirop.

– Je sais que la chauve-souris n'est pas un oiseau. Elle n'est donc pas classée dans la bonne catégorie. Mais je n'ai pas trouvé l'autre. Peut-être qu'ils mangent des sauterelles ?

– Tu manges bien des escargots ! Pour ta première réponse,

tu as mérité ta tartine. Mais ton inculture risque bien de te priver de sirop ! Voyons ! Est-ce que le lièvre ou le daman sont des ruminants ? Tiens prends ce verre et bois malgré tout. La grâce t'a sauvé.

Quand un sujet le passionnait, mon père oubliait ses bonnes résolutions pédagogiques. Il redevenait pasteur et se remettait à prêcher. Pendant que je mangeais, il a pris la Bible et s'est mis à arpenter la pièce.

– Les lois juives sont rigoureuses et précises. Les animaux impropres à la consommation sont nombreux. Ce n'est pas facile de manger casher. Les cuisiniers doivent faire des prouesses. Car même les animaux globalement autorisés sont en partie inconsommables : *Tout ce qui est graisse, de bœuf, d'agneau ou de chèvre, vous n'en mangerez pas* (Lévitique 7, 23). Ou alors, ils sont réservés aux sacrifices : *De ce sacrifice de paix, on présente, en mets consumés pour le Seigneur, la graisse qui enveloppe les entrailles, toute celle qui est au-dessus des entrailles et les deux rognons avec la graisse qui y adhère ainsi qu'aux lombes – quant au lobe du foie, on le détache en plus des rognons* (Lévitique 3, 3 et 4). La Loi interdit aussi certains modes de cuisson : *tu ne feras pas cuire un chevreau dans le lait de sa mère* (Deutéronome 14, 21). Bien malin qui pourra découvrir les principes de la répartition entre les animaux purs et impurs. Ma légendaire prudence me retient de m'y risquer. Je peux seulement constater que toutes ces lois concernent la consommation de chair animale. Il n'y a pas de fruits, ni de légumes interdits, seule la viande mérite une réglementation. Certains animaux sont trop impurs pour êtres consommés, comme s'ils allaient transmettre leur impureté. Les bêtes carnivores sont interdites mais d'autres sont trop purs pour êtres mangés, il faut comprendre qu'elles soient « réservées à Dieu ». D'autres lois pourraient être justifiées par la volonté de préserver les espèces : *S'il se trouve devant toi sur ton chemin, n'importe où sur un arbre ou par terre, un nid avec des oisillons ou des œufs, et la mère couchée sur les oisillons ou sur les œufs, tu ne prendras pas la mère avec ses petits : tu devras laisser aller la mère, et ce sont les petits que tu prendras pour toi* (Deutéronome 22, 6 et 7). Tout juif doit respecter ces règles lorsqu'il se met à table. Mais après tout, ce n'est pas propre au judaïsme. Personne ne mange seulement selon son goût.

Mon père s'est arrêté pour reprendre son souffle. J'en ai profité pour lui poser une question :

– C'est quand même bizarre d'édicter autant de lois, ce juste pour la cuisine…

– Ne me fais pas dire ce que je n'ai pas dit. La Loi juive n'a pas pour seul but d'interdire des aliments. Elle assure aussi la survie des plus pauvres. Elle instaure une manière de partage ;

elle codifie la solidarité, tout en respectant la propriété. *Si tu entres dans la vigne de ton prochain, tu mangeras du raisin autant que tu veux, à satiété ; mais tu ne dois pas en emporter. Si tu entres dans les moissons de ton prochain ; tu pourras arracher des épis à la main, mais tu ne feras pas passer la faucille dans les moissons de ton prochain* (Deutéronome 23, 25 à 26). Même les animaux peuvent profiter de cette générosité puisque la loi prend la peine de préciser : *Tu ne museleras pas le bœuf quand il foule le blé* (Deutéronome 25, 4) de telle manière qu'il puisse manger du grain.

– Papa, si la Bible interdit certains aliments, c'est qu'ils existaient ! Des gens avaient au moins envie de les manger. On ne va pas interdire une nourriture que personne ne voudrait manger !

– Ma science est contagieuse, a dit mon père. Tu deviens toi-même un spécialiste. Les nourritures interdites doivent effectivement être disponibles et alléchantes. Sans ça, ces lois n'ont plus de sens.

– Mais alors, est-ce que je dois citer ces aliments à Maman ? Est-ce qu'elle devra les préparer ?

– Je suis obligé de te renvoyer à ta responsabilité individuelle, mon fils. Autrement et poliment dit : « Débrouille-toi ! » Personnellement, je t'autorise à ne pas lui parler des sauterelles.

– Mon cher père, tu m'aides beaucoup trop. Bon, pour ma recherche, je vais suivre un ordre chronologique. Tu sais, je suis allé à l'école du dimanche et je connais les grandes périodes de l'histoire d'Israël. Je pense qu'en trois semaines, nous pourrons goûter plus de mille ans d'histoire.

Tu mangeras l'herbe des champs

Je n'ai jamais su si mes parents avaient imaginé ce « projet nourriture » pour me faire lire la Bible, mais j'ai bien dû m'y mettre. Heureusement, toute la première période, celle des patriarches, était contenue dans le seul livre de la Genèse. J'ai relevé quelques textes de références :

– Ma chère Maman, les menus de la première semaine n'ont rien de bien alléchant. Que les êtres humains vivent à l'intérieur ou à l'extérieur du jardin d'Eden, la nourriture reste frugale. Le départ du paradis ne provoque pas de véritable changement. Avant c'était : *Voici, je vous donne toute herbe qui porte sa semence sur toute la surface de la terre et tout arbre dont le fruit porte sa semence ; ce sera votre nourriture* (Genèse 1, 29 et 30). Et après : *Tu mangeras l'herbe des champs. À la sueur de ton visage, tu mangeras du pain...* (Genèse 3, 18 à 19).

– Quand on transpire en mangeant, a dit ma mère d'un ton sentencieux, c'est que le pain est trop dur !

– Très drôle ! En fait, il n'y a que le rendement qui change.

Il faut travailler plus pour assurer des menus identiques.

– J'ai bien noté, a dit ma mère. Nous mangerons du pain. Pour l'herbe, on fera un buffet de salades, des épinards, de la soupe à l'oseille ou un gratin de bettes ; on a le choix. Tu n'as pas mentionné les fruits. Peut-être que je devrais supprimer les pommes pour éviter les problèmes ?

– Maman, par pitié, ne dis jamais cela à l'autre homme de ta vie ! Dans l'épisode auquel tu penses, la Bible ne parle pas de pommes, mais de « fruit », sans autre précision. Par conséquent, on renonce à tous les fruits ou à aucun. À mon avis, tu peux prévoir ta fameuse « tarte Tatin ». On pourra manger des produits laitiers – les nomades buvaient le lait et mangeait le fromage de leurs brebis et de leurs chèvres – et des céréales – *Ésaü vendit son droit d'aînesse à Jacob qui lui donna du pain et du brouet de lentilles* (Genèse 25, 33 et 34). Et ajoute de la viande puisque après le Déluge, Dieu en autorise la consommation : *Tout ce qui remue et qui vit vous servira de nourriture comme déjà l'herbe mûrissante, je vous donne tout* (Genèse 9, 3 à 4). Finalement, nos repas ressembleront à celui qu'Abraham offre à ses trois visiteurs exceptionnels. Il ordonne à sa femme : *Vite ! Pétris trois mesures de fleur de farine et fais des galettes ! et il courut au troupeau en prendre un veau bien tendre. Il le donna au garçon qui se hâta de l'apprêter. Il prit du caillé, du lait et le veau préparé qu'il plaça devant eux ; ils se tenaient sous l'arbre, debout près d'eux. Ils mangèrent et lui dirent : Où est Sara ta femme ? Il répondit : Là, dans la tente* (Genèse 18, 6 à 8).

– De la fleur de farine, un garçon pour rôtir la viande ! Quelle chance d'être béni par Dieu, persiflait ma mère. Et quel héros, cet Abraham qui ménage sa femme ! Il fait même l'effort de choisir lui-même la viande. Remarque, malgré sa foi, il ne pousse pas la sollicitude jusqu'à faire lui-même la cuisine ou la vaisselle. Monsieur mange et papote, pendant que Bobonne travaille aux fourneaux. Un héros lui ? Plutôt un vieux patriarche barbu. Et dans ma bouche, ce n'est pas un compliment.

À la fin de cette première semaine, le bilan s'est révélé plutôt positif. Certes, le lait de chèvre avait eu de la peine à passer. Ma mère n'avait d'ailleurs pas insisté. Mais les galettes et le veau étaient vraiment bons.

La manne

La Bible passe rapidement sur la période d'esclavage en Égypte. À vrai dire, elle ne nous indique qu'un seul menu, celui de la fête de la Pâque : *Vous aurez une bête sans défaut, mâle, âgée d'un an. Vous la prendrez parmi les agneaux ou les chevreaux. On mangera la chair cette nuit-là. On la mangera rôtie au feu, avec des pains sans levain et des herbes amères. N'en mangez rien cru ou cuit à l'eau, mais seulement rôti au feu, avec la tête, les pattes et les abats* (Exode 12, 5 à 9). Notre premier menu était ainsi composé. Mais il restait encore les six autres jours de la semaine. Nous mangerions donc les repas consommés dans le désert. Évidemment, le climat limitait sérieusement les possibilités gastronomiques.

L'essentiel de l'histoire se trouvait dans le livre de l'Exode. J'ai donc lu à ma mère le texte de référence.

– *Le Seigneur adressa la parole à Moïse : Au crépuscule, vous mangerez de la viande ; le matin, vous vous rassasierez de pain et vous connaîtrez que c'est moi le Seigneur votre Dieu. Le soir même, les cailles montèrent et elles recouvrirent le camp ; et le matin, une couche de rosée entourait le camp. La couche de rosée se leva ; alors, sur la surface du désert, il y avait quelque chose de fin tel du givre, sur la terre. Les fils d'Israël regardèrent et se dirent l'un à l'autre : Mân hou ? (Qu'est-ce que c'est ?), car ils ne savaient pas ce que c'était. Moïse leur dit : C'est le pain que le Seigneur vous donne à manger* (Exode 16, 11 à 15).

– Les cailles ne poseront pas de problèmes. Mais où est-ce que je vais trouver de la manne ? Ça m'étonnerait qu'ils en aient en grande surface. Et ton père, malgré tous ses talents, n'est pas Moïse.

– Je te rappelle ton pari…

– Je ne me défile pas, mais j'ai besoin de quelques précisions.

Je me suis remis au travail et j'ai pu lui donner les renseignements nécessaires :

– *La manne ressemblait à la graine de coriandre ; son aspect était celui du bdellium* (résine odoriférante de couleur jaune). *Le peuple se dispersait pour la ramasser ; ensuite on l'écrasait à la meule ou on la pilait dans un mortier ; on la faisait cuire dans des marmites et on en faisait des galettes. Elle avait le goût de gâteau à l'huile* (Nombres 11, 7 et 8).

– Merci. Nos menus ne vont pas être monotones ! commenta ma mère. J'aime bien les cailles, mais tous les soirs… Et cette manne ? tu dis qu'elle a un goût de gâteau à l'huile… Je ne sais pas, je ne me sens pas très inspirée…

Nous nous préparions une semaine nourrissante mais peu ragoûtante, lorsque mon père a sauvé la situation :

– Ma femme, mon fils, vous êtes aussi difficiles que les Hébreux dans le désert. Eux aussi se plaignaient de ce que Dieu leur offrait. Il y avait parmi eux un ramassis de gens qui furent saisis de convoitise ; et les fils d'Israël eux-mêmes recommencèrent à pleurer : *Qui nous donnera de la viande à manger ? Nous nous rappelons le poisson que nous mangions pour rien en Egypte, les concombres, les pastèques, les poireaux, les oignons, l'ail ! tandis que maintenant notre vie s'étiole ; plus rien de tout cela ! Nous ne voyons plus que la manne* (Nombres 11, 4 à 6). Rajoutez ces souvenirs d'Egypte, même si le peuple les a rêvés, et je mange avec vous. Pour les boissons, je suis désolé, je ne peux pas faire de miracles. Nous serons sobres. Nous ne boirons que de l'eau. C'est tout ce qu'Israël a bu pendant quarante ans.

Le goût des cailles se marie effectivement bien avec la manne. Mais il faut la ramasser très fraîche et l'écraser vraiment finement. Ne comptez pas sur moi pour vous en dire plus. La préparation de la manne est devenue un secret de famille.

Un pays où coule le lait et le miel

La lecture de deux livres m'avait suffi à établir les menus des deux premières semaines. Cela signifiait que la troisième nécessitait de lire tout le reste de l'Ancien Testament. C'est long ! Les Israélites ont vécu longtemps dans ce pays de Canaan, dans les royaumes d'Israël et de Juda. Je n'avais pas l'intention de lire tous les livres qui en parlent. J'ai procédé par sondage. Mais je devais d'abord vérifier un détail :

– Maman, est-ce que tu préfères cuisiner les plats promis ou ceux vraiment mangés ?

– Je m'étais engagée à servir les mets effectivement mangés. Mais si c'est vraiment très bon, je peux faire une exception.

– À toi de voir ! À l'époque du roi Ezékias, durant le siège de Jérusalem le peuple et ses dirigeants en sont presque *réduits à manger leurs excréments et à boire leur urine* (2 Rois 18, 27). Mais je te préviens, si tu cuisines cela, je vais essayer de me faire inviter chez un copain.

– Tout bien réfléchi, je renonce à ce plat.

– Tu es sage, ma mère, tu es sage. Et tu as bon goût. Tu as bien fait d'ouvrir un restaurant. Alors écoute et prends des notes. *Le Seigneur dit : J'ai vu la misère de mon peuple en Egypte et je l'ai entendu crier sous les coups de ses gardes-chiourme. Oui, je connais ses souffrances. Je suis descendu pour le délivrer de la main des Égyptiens et le faire monter de ce pays vers un bon et vaste pays, ruisselant de lait et de miel* (Exode 3, 8). Tu te rends compte de ta chance. Tu n'auras pas de cuisine à faire. Pendant une semaine, nous allons manger ce que la nature nous offre. Tu es contente ? C'est de la nourriture bonne pour la santé, pleine de vitamines. Écoute ce que les explorateurs ramènent de leur première visite dans le pays de Canaan : *Ils coupèrent une branche de vigne avec une grappe de raisin qu'ils portèrent à deux au moyen d'une perche. Ils prirent aussi des grenades et des figues* (Nombres 13, 23). Et comme nous ne sommes pas sectaires, je pense que nous pouvons ajouter les nourritures promises par le roi d'Assyrie. *Liez-vous d'amitié avec moi, rendez-vous à moi, et chacun de vous mangera les fruits de sa vigne et de son figuier et boira l'eau de sa citerne, en attendant que je vienne vous prendre pour vous mener dans un pays comme le vôtre, un pays de blé et de vin nouveau, un pays de pain et de vignobles, un pays d'oliviers à huile fraîche et de miel, et ainsi vous vivrez et vous ne mourrez pas* (2 Rois 18, 31).

– Oui, c'est sain, mais c'est un peu toujours la même chose : vigne et raisin, blé et pain, olives et huile. Heureusement qu'il y a du miel pour mettre sur les tartines. Et du poisson, mon fils, on ne parle jamais de poissons ?

– On en parle peu. Mais une porte de Jérusalem s'appelle « Porte des poissons ». Comme les poissons n'avaient aucun intérêt à venir tout seuls en ville, j'en déduis qu'on devait les y amener pour les vendre. Péchés dans le lac ou dans la mer, tu peux les mettre au menu. Et si tu veux une recette originale, tu peux essayer la soupe de concombres sauvages. Mais fais attention à la manière dont tu les prépares. Cette fois, il faudra vraiment te sentir inspirée. Tu ferais même bien de demander l'aide de Dieu. *Le prophète Élisée dit à son serviteur : Prépare la grande marmite et fais cuire un bouillon pour les fils des prophètes. L'un deux sortit dans la campagne pour ramasser des herbes. Il trouva une vigne sauvage où il ramassa des concombres sauvages plein son vêtement. Il rentra et les coupa en morceaux dans la marmite de bouillon, car on ne savait pas ce que c'était. On servit à manger aux hommes. Mais dès qu'ils eurent goûté de ce bouillon, ils poussèrent des cris et dirent : La mort est dans la marmite, homme de Dieu ! Et ils ne purent manger. L'homme de Dieu dit : Apportez de la farine ! Il en jeta dans la marmite et dit : Sers les gens et qu'ils mangent ! Il n'y avait plus rien de mauvais dans la marmite* (2 Rois 4, 38 à 41).

Nous avons renoncé à prendre ce risque.

Les trois semaines étaient terminées et nous avions réussi à faire le tour des nourritures bibliques. Ma mère avait réussi son pari. Peut-être qu'un Hébreux n'aurait pas toujours reconnu ce que nous avions mangé. C'était une réinterprétation contemporaine et européenne d'une nourriture du Proche-Orient d'il y a plus de deux mille ans. Contrairement à ce que nous pensions, la cuisine de l'Ancien Testament n'était pas si monotone. La Loi juive n'interdit pas du tout la gastronomie. Nous étions un peu sortis des sentiers battus. Je devais reconnaître que le résultat en valait la peine.

Satisfait du résultat, mon père a suggéré de convier la paroisse à un repas biblique. J'en ai gardé le menu.

Entrées :

Soupe aux concombres sauvages (2 Rois 4, 39)
Fèves et épis grillés (2 Samuel 17, 28)
Brouet de lentilles (Genèse 25, 34)
Vinaigrette (Ruth 2, 14).

Plats principaux :

Gigot et queue d'agneau (1 Samuel 9, 24)
Gazelle et cerf (Deutéronome 12, 15)
Perdrix (2 Samuel 26, 20) et poisson (Néhémie 13, 16).

Fromage (1 Samuel 17, 17) et caillé (Genèse 18, 8).

Desserts :

Gâteau de dattes et gâteau de raisins secs (2 Samuel 6, 19)
Amandes (Ecclésiaste 12, 5)
Raisins, grenades et figues (Nombres 13, 23).

Boissons :

Vin aromatisé et jus de grenade (Cantique des cantiques 8, 2)
Lait de chèvre (Proverbes 27, 27).

Galettes sans levain (Exode 12, 39), cumin (Ésaïe 28, 25), safran (Cantique des cantiques 4, 14), câpres (Ecclésiaste 12, 5), sel (Job 6, 6), et miel (Ézéchiel 16, 13).

Les paroissiens furent un peu étonnés par l'abondance des plats. Ça les changeait du « souper ceinture », où l'on mange de la soupe pour le prix d'un restaurant cinq étoiles. Même si c'est « pour la bonne cause » et que l'argent récolté finance des projets d'entraide, le rapport qualité prix laisse d'habitude un peu à désirer.

Pour une fois, on s'en était mis plein la panse ! Mais heureux d'avoir bien mangé, nous nous sommes tous montrés généreux. Les « Missions » n'y avaient rien perdu.

Deuxième partie

RESPONSABILITÉS

Ô vous tous qui êtes assoiffés, venez vers les eaux, même celui qui n'a pas d'argent, venez! Demandez du grain, et mangez; venez et buvez – sans argent, sans paiement – du vin et du lait. À quoi bon dépenser votre argent pour ce qui ne nourrit pas, votre labeur pour ce qui ne rassasie pas? Écoutez donc, écoutez-moi, et mangez ce qui est bon; que vous trouviez votre jouissance dans des mets savoureux: tendez l'oreille, venez vers moi, écoutez et vous vivrez.

(Ésaïe 55, 1 à 3)

On dit que l'amour est aveugle, mais il se pourrait qu'il soit aussi privé de goût. Non pas que la femme avec qui je vis ne réunisse pas toutes les qualités qu'un mari est en droit d'attendre, elle en a même quelques-unes de plus. Mais nous ne partageons pas les mêmes goûts. Elle est végétarienne!

Je ne sais s'il faut lire dans ce mariage mon désir inconscient de répéter les disputes de mes parents ou l'humour d'un Dieu qui aime rapprocher les extrêmes, mais il a rendu notre vie de couple, disons, « originale ».

J'aurais pu mettre du temps à comprendre qu'elle ne mangeait jamais de viande, si elle n'avait eu ce côté militant. Dans les premiers temps, nous partagions de rares repas, et j'avoue que ce n'est pas le contenu de nos assiettes qui m'intéressait le plus. Après tout, même les carnivores les plus endurcis mangent parfois des plats végétariens : pâtes, légumes, poissons, fromages, riz, œufs, champignons et il y a tant de façons de les préparer : « spaghetti al pesto », sashimi, gratin de courgettes, pizza, risotto aux bolets, raclette, omelettes. De quoi préparer tant de repas que toute une vie ne suffirait pas à les manger !

Mais ma compagne était missionnaire dans l'âme. Elle a très vite voulu me convaincre de renoncer à la viande. Connaissant la profession de mon père, elle a essayé les arguments bibliques :

– Dans l'Ancien Testament, la consommation de viande provoque des catastrophes. Pour une bouchée de viande, le vieil Isaac, va commettre une injustice. *Isaac appela Esaü son fils aîné et lui dit : Tu vois que je suis devenu vieux et j'ignore le jour de ma mort. Il est temps, emporte donc tes armes, ton carquois et ton arc ; cours la campagne et chasse du gibier pour moi. Prépare-moi un mets comme je l'aime, apporte-le-moi et je le mangerai pour te bénir moi-même avant de mourir* (Genèse 27, 2 à 4). Mais Jacob, l'autre fils – jumeau d'Esaü qui a eu la malchance de naître quelques minutes après lui – va devancer son frère, apporter le repas, duper son père et recevoir la bénédiction. Ce plat de viande va provoquer la haine entre les deux frères. Comme la viande va pousser Caïn à tuer son frère simplement parce que Dieu refusait son offrande végétale alors qu'il acceptait les bêtes sacrifiées par son frère. *Abel faisait paître les moutons, Caïn cultivait le sol. À la fin de la saison, Caïn apporta au Seigneur une offrande de fruits de la terre ; Abel apporta aussi des prémices de ses bêtes et leur graisse. Le Seigneur tourna son regard vers Abel et son offrande, mais il détourna son regard de Caïn et de son offrande* (Genèse 4, 3 à 5). Non, croismoi, la viande n'apporte jamais rien de bon.

Croyait-elle vraiment que j'allais me laisser faire ? L'amour de ma vie n'allait pas tarder à s'apercevoir que j'étais difficile à battre sur le terrain biblique :

– Je te trouve injuste. Dans l'histoire de Caïn et d'Abel, c'est l'agriculteur qui tue l'éleveur. Et même les fruits peuvent créer des problèmes. Dans le jardin d'Eden, l'homme et la femme pouvaient manger tous les fruits, tous sauf celui qui poussait sur l'arbre au milieu du jardin. Mais le fruit de cet arbre, justement comme fait exprès, *était bon à manger, séduisant à regarder, précieux pour agir avec clairvoyance* (Genèse 3, 6). La femme puis l'homme n'ont pu résister. Ils ont mangé de ce fruit. Tu connais la définition de l'histoire d'Adam et Eve ? Non ? « Une pomme, deux poires et beaucoup de pépins ! »

J'avais gagné la première bataille. Mais ma femme est revenue à la charge. Cette fois, elle a tenté d'en appeler à mes sentiments.

– Mon amour, en consommant de la viande tu mets ta santé en jeu. Des gens sont morts d'avoir ingurgité de la vache folle ou du poulet à la dioxine. Je ne veux pas te perdre. Que deviendrais-je sans toi ?

– Ah, la « malbouffe » ! Sache que je nourris la même angoisse. Quand tu manges un œuf, je pense à la salmonellose, et quand tu manges un fromage, à la listériose. Je tremble à te voir manger tous ces organismes génétiquement modifiés. Pense un peu : le maïs, le soja, le colza, bientôt la tomate et la pomme de terre ! Je m'imagine que tous ces gènes manipulés vont faire muter ton joli corps. Je crains que tes oreilles ne s'allongent ou qu'il ne te pousse un troisième bras ! À moins que les antibiotiques que tu ingurgites en mangeant du saumon ne rendent inefficaces les médicaments.

– Ça m'est égal, je me soigne à l'homéopathie !

La seconde joute s'était donc terminée par un résultat nul : autant de risques des deux côtés. Sûr de moi, je ne me doutais pas que j'allais bientôt perdre la guerre.

Un samedi après-midi que nous faisions des courses, elle a exigé d'un air mystérieux que nous prenions chacun un chariot. Elle m'a entraîné au rayon boucherie ; elle a mis un rôti d'un kilo dans mon chariot. Je l'ai ensuite suivie jusqu'au rayon légume et elle a rempli le sien de 15 kg de carottes.

Je lui ai demandé :

– À quoi est-ce qu'on joue ?

– Compare un peu ! m'a-t-elle répondu. Dans quel chariot y a-t-il le plus à manger ?

– Dans le tien évidemment. 15 kg de carotte, ça peut durer au moins un mois, tandis que le kilo de bœuf, je le mange en trois jours. Mais ce qui serait formidable, ce serait de combiner les deux, on pourrait faire une bonne daube qui durerait bien une semaine.

– Imbécile ! Rends toi compte que pour produire ton rôti de bœuf, il a au moins fallu ces quinze kilos de carottes !

– Mais les vaches ne mangent pas de carottes. Elles broutent de l'herbe. Qu'est-ce que tu veux dire ? Je ne comprends plus rien.

– Je veux dire que ton bœuf a un très mauvais rendement. Il broute de l'herbe toute la journée, mais au bout du compte, il ne fournit presque rien à manger. Comme il faut quinze protéines végétales pour produire une protéine animale, il aurait été beaucoup plus intelligent de planter des carottes dans le champ où ton bœuf a brouté. Combien de personnes peux-tu nourrir avec ta viande ? Et combien de personnes peuvent vivre avec mes carottes ? Dans un monde végétarien, les hommes seraient moins nombreux à mourir de faim.

Qu'aurais-je pu répondre à cela ? Rien ! Alors, je me suis tu ! Et j'ai diminué ma consommation de viande. Progressivement ! Je ne sais à quelles terribles extrémités m'aurait conduit un sevrage trop brutal.

J'ai longtemps hésité à présenter cette végétarienne militante à mes parents. Une telle rencontre me semblait explosive. Je craignais qu'ils ne lui fassent sentir leur mauvaise humeur. Mais elle insistait pour les rencontrer. Je ne pouvais plus retarder le moment fatidique.

J'ai pris mon courage à deux mains et j'ai décidé de l'inviter dans le restaurant familial. Il me restait à prévenir mes parents.

J'avais bien appris ma leçon. Je savais que pour une telle nouvelle, il n'y avait pas de moment plus favorable qu'un repas. J'ai pris mon temps. Pendant l'entrée – un potage à la tomate, je m'en souviens encore – je n'ai rien dit. J'ai laissé passer le rôti et les légumes et j'ai fait une tentative au moment du fromage.

– J'ai quelque chose d'important à vous dire. J'ai rencontré une…

Comme fait exprès, mon père a renversé son verre de vin, me laissant encore un petit sursis. C'est donc au dessert que je me suis jeté à l'eau. Le temps était arrivé. J'ai pris ma respiration et j'ai dit d'une seule traite :

– La femme que j'aime, la femme de ma vie est végétarienne ! Ce n'est pas grave, n'est-ce pas ?

Ma mère, qui, pendant presque 20 ans, m'avait répété qu'il fallait manger de tout, a simplement dit :

– Elle est végétarienne ? Elle a bien raison ! D'ailleurs, je trouve que ton père et toi vous mangez trop de viande. Ça ne peut que te faire du bien !

Et mon père a ajouté :

– Ça pourrait être pire, elle aurait pu être catholique !

Ah maudite pudeur protestante qui nous empêche d'exprimer nos sentiments ! Mais je crois que, malgré les apparences, mes parents étaient heureux. Ma mère a souvent invité ma femme en cuisine pour concocter des menus végétariens que mon père s'est toujours fait un plaisir de manger. Une véritable conversion ! Comme disait mon père, lorsque cela l'arrangeait :

– Il n'y a que les imbéciles et les fondamentalistes qui ne changent pas d'avis !

1.
Les forts et les faibles

Quelques minces concessions avaient suffi à rendre possible notre vie de couple. Nous mangions rarement de la viande, mais je pouvais griller ma côte de bœuf lorsque j'en avais vraiment envie. La naissance d'une petite fille nous a contraints à prendre des décisions radicales. Quand le temps de l'allaitement est arrivé à son terme, j'ai demandé :

– Est-ce que nous allons donner de la viande à notre fille ?

Je savais que je m'embarquais dans un débat difficile, mais je n'imaginais pas que cette question nous obligerait à refaire toute la théologie du Nouveau Testament.

Pour éviter de devoir aussitôt divorcer, nous avons sagement cherché des points d'accord. Nous en avons trouvé un, important, essentiel : la foi chrétienne ne dépend pas d'un mode d'alimentation.

Ma femme était végétarienne, j'étais omnivore, nous étions tous les deux chrétiens. Nous avions entendu et bien compris les paroles de Jésus : *Écoutez et comprenez ! Ce n'est pas ce qui entre dans la bouche qui rend l'homme impur ; mais ce qui sort de la bouche, voilà ce qui rend l'homme impur* (Matthieu 15, 11). Par cette simple petite phrase, Jésus avait interdit de faire d'une manière de manger, le critère de la foi. Aucune nourriture n'est impure, parce que tout ce que nous avalons ne fait qu'un court séjour dans notre corps. Faut-il être plus explicite ? Jésus l'a été : *Ne savez-vous pas que tout ce qui pénètre dans la bouche passe dans le ventre, puis est rejeté dans la fosse ?* (Matthieu 15, 17).

Notre désaccord portait plutôt sur une question d'éthique. Quel était le mode d'alimentation le plus juste dans le cadre de notre famille ?

J'ai dit :

– Je mange de tout et je réclame pour moi la liberté revendiquée par Paul : *Poursuivez donc votre route dans le Christ, Jésus le Seigneur, tel que vous l'avez reçu. Enseveli avec lui dans le baptême, avec lui encore vous avez été ressuscités puisque vous avez cru en la force de Dieu qui l'a ressuscité de morts. Et vous qui étiez morts à cause de vos fautes et de l'incirconcision de votre chair, Dieu vous a donné la vie avec lui.* Et la conclusion me semblait indiscutable : *Dès lors, que nul ne vous condamne pour des questions de nourriture ou de boisson* (Colossiens 2, 6 à 16). Notre fille pourra manger de la viande !

Mon raisonnement théologique était inattaquable. C'était en tous cas ce que je pensais. Astucieuse, ma femme s'est placée sur le même terrain. Elle savait qu'elle trouverait chez Paul les seuls arguments susceptibles de convaincre un authentique protestant.

– Moi, je ne revendique que le respect que tu me dois. C'est vrai, tu es un homme, grand, beau, fort et généreux. Tu manges de la viande et tu te portes bien. Mais regarde-moi ! Je ne suis qu'une faible femme. Je n'ai rien d'autre que ma certitude qu'en renonçant à la viande, je contribue modestement à instaurer plus de justice dans le monde. Par charité chrétienne, applique le principe de Paul : *Accueillez celui qui est faible dans la foi, sans critiquer ses scrupules. La foi de l'un lui permet de manger de tout, tandis que l'autre par faiblesse ne mange que des légumes. Que celui qui mange ne méprise pas celui qui ne mange pas et que celui qui ne mange pas ne méprise pas celui qui mange, car Dieu l'a accueilli* (Romains 14, 1 à 3). Je ne méprise point le carnivore que tu es. Mais je suis faible. Ne me soumets pas à la tentation ! Ne m'oblige pas à renier mes convictions. Moi, je suis de l'avis de Paul : *Cessons donc de nous juger les uns les autres. Jugez plutôt qu'il ne faut pas être pour un frère cause de chute ou de scandale. Je le sais, j'en suis convaincu par le Seigneur Jésus : rien n'est impur en soi. Mais une chose est impure pour celui qui la considère comme telle. Si, en prenant telle nourriture, tu attristes ton frère* (ou ta femme en l'occurrence), *tu ne marches plus selon l'amour; garde-toi pour une question de nourriture de faire périr celui pour lequel Christ est mort. Que votre privilège ne puisse être discrédité. Car le Règne de Dieu n'est pas affaire de nourriture ou de boisson, il est justice, paix et joie dans l'Esprit Saint*. Je t'adresse la même supplication que Paul aux Romains: *Pour une question de nourriture, ne détruis pas l'œuvre de Dieu. Tout est pur, certes, mais il est mal de manger quelque chose lorsqu'on est ainsi cause de chute. Ce qui est bien, c'est de ne pas manger de viande, de ne pas boire de vin, rien qui puisse faire tomber ton frère* (Romains 14,13 à 21). Oserais-tu me forcer à nourrir notre fille avec de la viande?

Elle citait Paul manifestement hors contexte. Mais à voir ses yeux, ce n'était pas le moment de discuter d'interprétation. Elle avait magistralement retourné la situation. Je me croyais faible de ne pouvoir renoncer à la viande et je me découvrais fort de pouvoir manger tout ce que Dieu nous offre. Flatté dans mon orgueil de mâle, je me suis rangé à ses arguments. À la maison, par respect pour les «faibles végétariens», aucun de nous ne mangerait de viande. Mais à l'extérieur, je gardais le droit d'en manger et notre fille aussi si elle en éprouvait le désir. J'y tenais pour faciliter les contacts sociaux.

2.
Donne-nous notre pain quotidien

Notre fille a grandi. Comme toutes les femmes de la famille, elle avait le goût de la contradiction. Depuis toute petite, elle aimait bien lancer des grands débats, pas toujours là où nous les attendions.

Nous avions pris la décision de prier chaque matin en famille. Nous commencions par une prière libre et nous terminions par le Notre Père. Cette activité très simple nous permettait de nous retrouver ensemble et de demander à Dieu de bénir notre journée.

Mais un matin, notre fille a demandé :
– Les gens là-bas, ils croient en Dieu ?

Nous devions faire preuve de prudence. « Là-bas », c'était aussi bien les antipodes que la maison d'à-côté. J'ai cherché à vérifier ce qu'elle voulait dire :

– Certains croient comme nous, d'autres croient autrement et il y en a sûrement qui ne croient pas.

– Ceux qui croient comme nous, ils prient comme nous ?

– Ils ont d'autres langues, mais ça doit ressembler à ce que nous disons.

– Et pourquoi alors, Dieu, il ne leur donne pas le « pain de ce jour » ?

« Merci la télévision ! » La veille, nous avions vu les images d'une famine. Je ne me souviens même pas de quel pays il s'agissait ! La caméra s'était longuement attardée sur une femme aux seins vides qu'un enfant essayait vainement de téter. Le reportage avait produit son effet. Le cerveau de notre fille avait bien travaillé. À « faim », il avait associé « pain », d'où la question de la valeur de notre petite prière quotidienne.

La question de notre fille était bonne. Elle venait seulement un peu vite. Nous n'avions pas encore trouvé une réponse sensée. En parents honnêtes, nous avons demandé un délai de réflexion. En fille magnanime, elle nous l'a accordé. Et elle est partie pour l'école.

L'Éternel a donné…

Comme tous les débats existentiels, ma femme a entamé celui-là dans notre lit conjugal. Elle a attendu minuit et le moment où je commençais à m'endormir pour me faire part de son avis.

– La faim dans le monde n'est pas le fruit de la négligence de Dieu, mais de l'injustice des hommes. Les uns explosent de trop manger, tandis que les autres crèvent de faim. Tu sais qu'il y a 1,2 milliard de personnes qui se nourrissent trop ou trop mal, alors que 1,2 milliard d'autres ne mangent pas à leur faim ? Les gros du Nord cherchent à perdre les calories qui permettraient aux affamés du Sud de vivre. C'est ça qu'il faut dire à notre fille. Si la nourriture était mieux répartie, tous les enfants du monde mangeraient à leur faim.

J'étais fatigué, mais je ne voulais pas rater une occasion de discuter. Je me suis redressé, j'ai tapoté mon oreiller pour qu'il se regonfle et je me suis adossé à la tête de lit.

– Mais ce n'est pas si simple. Les obèses et les sous-alimentés se côtoient dans les mêmes pays, au Nord comme au Sud. C'est un problème autant national qu'international ! Il dépasse même notre terre et les humains qu'elle porte. Je ne suis pas d'accord avec toi. Pour excuser Dieu, tu dois nous accuser. Je comprends bien ton argumentation. « Mangeons moins, mangeons mieux et tout le monde pourra manger ! Mais « notre Père qui est aux cieux » s'en tire trop vite. Dans sa sagesse incomparable, il aurait créé, il créerait exactement ce qu'il faut aux 6 milliards d'humains que nous sommes. Et c'est nous qui serions responsables des famines et des morts qu'elles provoquent, parce que nous ne saurions pas partager ce qu'il nous donne généreusement. Mais Dieu a pris des engagements. À peine avait-il créé les animaux et les êtres humains qu'il leur répartissait les nourritures. *Voici, je vous donne toute herbe qui porte sa semence sur toute la surface de la terre et tout arbre dont le fruit porte sa semence ; ce sera votre nourriture. À toute bête de la terre, à tout oiseau du ciel, à tout ce qui remue sur la terre et qui a souffle de vie, je donne pour nourriture toute herbe mûrissante* (Genèse 1, 29 et 30). Vu la situation actuelle, je dirais de Dieu : « Peut mieux faire ! »

Ma femme s'est tournée vers moi. J'avais réussi à la surprendre.

– C'est toi le fils de pasteur qui accable Dieu ? C'est le monde à l'envers ! Mais moi aussi, mon pauvre chéri, je vois clair dans ton argumentation : « Si Dieu est responsable de la faim dans le monde, je n'ai rien à changer dans mes habitudes ! » Et déculpabilisé, tu continueras à dévorer tes quartiers de viande et tes kilomètres de saucisses. Moi, j'ai appris à remercier Dieu pour ce qu'il nous donne. Nous lui devons toute notre nourriture. Je n'ai pas honte de le louer : *Tu fais pousser l'herbe pour le bétail, les plantes que cultive l'homme, tirant son pain de la terre. Le vin réjouit le cœur des humains en faisant briller les visages plus que l'huile. Le pain réconforte le cœur des humains. Tous comptent sur toi pour leur donner en temps voulu la nourriture : tu donnes, ils ramassent ; tu ouvres ta main, ils se rassasient* (Psaume 104, 14 à 28).

Elle ne me prenait pas au dépourvu. L'enchaînement était logique, trop classique. Elle était venue exactement où je l'attendais. Ma réponse était prête.

– Dans ces conditions, les efforts des hommes semblent bien inutiles : *Rien ne sert de vous lever tôt, de retarder votre repos, de manger un pain pétri de peines ! À son ami qui dort, Dieu donnera tout autant* (Psaume 127, 2). Que pourrions-nous faire de plus que Dieu ? Comment nos efforts, si dérisoires, pourraient changer le cours des choses ? *Regardez les oiseaux du ciel : ils ne sèment ni ne moissonnent, ils n'amassent point dans des greniers ; et votre Père céleste les nourrit ! Ne valez-vous donc pas beaucoup plus qu'eux ? Et qui d'entre vous peut, par son inquiétude, prolonger tant soit peu son existence ? Ne vous inquiétez donc pas en disant : Qu'allons-nous manger ? qu'allons-nous boire ? de quoi allons-nous nous vêtir ? – tout cela, les païens le recherchent sans répit –, il sait bien votre Père céleste que vous avez besoin de toutes ces choses* (Matthieu 6, 26 à 32). Tu dois être honnête jusqu'au bout. Si Dieu contrôle la nourriture, il peut aussi refuser de la donner. S'il fait pousser les fruits et les légumes, tu dois admettre que c'est aussi lui qui provoque volontairement des famines et des sécheresses.

Ma femme a demandé un temps mort. Elle avait besoin d'une tisane. Nous nous sommes installés dans la cuisine. Elle a fait chauffer de l'eau. J'ai sorti du réfrigérateur un reste de fromage et je me suis servi un verre de vin rouge. En silence, nous avons repris des forces. À la fin de la mi-temps, nous étions prêts à reprendre le débat.

Ma femme avait trouvé comment répliquer :

– On dirait que je défends les pires hérésies. Que vas-tu me faire ? L'excommunication te suffit ou tu prévois le bûcher ? La théologie que je défends est parfaitement biblique. Je n'ai rien inventé, je me contente de lire la Bible ! *C'est moi déjà qui vous ai donné le vide à vous mettre sous la dent en toutes vos villes, la disette de pain en toutes vos demeures, mais vous n'êtes pas revenus jusqu'à moi. – Oracle du Seigneur. C'est moi qui vous avais refusé l'averse à trois mois encore de la moisson, j'avais fait tomber la pluie sur telle ville et non sur telle autre ; tel champ était arrosé de pluie et le champ sans pluie se desséchait, mais vous n'êtes pas revenus jusqu'à moi. – Oracle du Seigneur. Je vous avais frappé par la rouille et la nielle* (je te préviens que ces maladies ne touchent pas seulement les céréales mais aussi la vigne), *les richesses de vos jardins, de vos vignes, de vos figuiers et de vos oliviers, la chenille les avait dévorées, mais vous n'êtes pas revenus jusqu'à moi. – Oracle du Seigneur* (Amos 4, 6 à 9).

– Ma chère moitié, je t'encourage à expliquer cette théologie à ceux qui meurent de faim. Je t'imagine leur prêchant : « Si seulement vous faisiez confiance à Dieu, vous auriez tout ce qu'il vous faut ! Priez et il vous livrera vite un petit miracle ! »

– Homme de peu de foi, a-t-elle vertement répliqué ! Mais ce sont justement ceux qui meurent de faim qui développent cette théologie qui te déplaît tant. Ils savent que Dieu prend soin de ceux qu'il aime. Souviens-toi d'Elie, au bord de son torrent. La sécheresse crée la famine, mais Dieu veille. Élie ne mourra pas de faim. *Les corbeaux lui apportaient du pain et de la viande le matin, du pain et de la viande le soir* (1 Rois 17, 3 à 6). Lorsque le torrent est à sec, Dieu envoie son prophète chez une veuve, où il devrait trouver de quoi survivre. Élie s'y rend et demande à la femme à boire et à manger : *Va me chercher, je t'en prie un morceau de pain dans ta main ! Elle répondit : Par la vie du Seigneur ton Dieu ! Je n'ai rien de prêt, j'ai tout juste une poignée de farine dans la cruche et un petit peu d'huile dans la jarre ; quand j'aurai ramassé quelques morceaux de bois, je rentrerai et je préparerai ces aliments pour moi et pour mon fils ; nous les mangerons et puis nous mourrons. Élie lui dit : Ne crains pas ! rentre et fais ce que tu as dit ; seulement, avec ce que tu as, fais-moi d'abord une petite galette et tu me l'apporteras, tu en feras ensuite pour toi et pour ton fils. Car ainsi parle le*

Seigneur, le Dieu d'Israël : Cruche de farine ne se videra, jarre d'huile ne se désemplira jusqu'au jour où le Seigneur donnera la pluie à la surface du sol. Elle s'en alla et fit comme Elie avait dit ; elle mangea, elle, lui et sa famille pendant des jours. La cruche de farine ne tarit pas, et la jarre d'huile ne désemplit pas (1 Rois 17, 10 à 16). La femme accepte, au risque de mourir, de partager le peu qu'il lui reste. Et Dieu la récompense de sa générosité, en lui assurant des provisions jusqu'à ce que la famine soit terminée.

J'étais un peu las. Il était déjà deux heures du matin. Dans cinq heures, je devrais me lever. Mais je ne voulais pas abdiquer. J'ai quand même proposé de retourner au lit. En arrivant dans la chambre à coucher, je me suis à nouveau senti inspiré.

– Et ceux que Dieu n'aime pas, ils meurent de faim ? Ou dois-je plutôt dire : « Ceux qui meurent de faim, c'est que Dieu ne les aime pas » ? Ce n'est pas en ce Dieu-là que je crois. Pour moi, une seule chose compte : « Dieu est amour ». Il n'y a pas besoin de miracle. Il suffit parfois d'un peu de bon sens pour éviter le pire. Rappelle-toi Joseph. Il sort de sa prison égyptienne pour prévoir qu'à sept bonnes années succéderont sept années sans récolte. Il trouve le moyen de surmonter les années noires. Son idée n'est pas géniale, mais elle est efficace : il suffit de faire des provisions. Et grâce à Joseph, l'Égypte va survivre à la famine. Elle deviendra le recours des peuples environnants. C'est en Égypte qu'on viendra acheter le grain qui manque. Même la famille de Jacob y trouvera de quoi survivre. *Tout le monde venait en Égypte pour acheter du grain à Joseph car la famine était rigoureuse sur la terre entière. Voyant qu'il y avait du grain en Égypte, Jacob dit à ses fils : Qu'avez-vous à vous regarder ? Il s'écria : J'ai entendu dire qu'il y avait du grain en Egypte. Descendez-y ; et là, achetez-nous du grain pour notre subsistance et pour nous éviter de mourir* (Genèse 41, 57 à 42, 2). Dieu n'a pas provoqué la famine ; il ne l'empêche pas. Mais il ne regarde pas tranquillement les gens mourir. Il confie à Joseph le soin d'en minimiser les conséquences dramatiques.

Ma femme a secoué la tête d'un air dépité

– Tu me fais gentiment rigoler. Ton modèle de sagesse est un sale type. Encadrée, sa photo doit figurer au-dessus du bureau des pires capitalistes, des patrons de multinationales et des champions de la mondialisation. Joseph ne fait rien par charité et tout par goût du profit. Ce n'est pas l'amour qui le guide. Il fait du commerce : *Il n'y eut plus de nourriture car la famine avait lourdement pesé. Le pays d'Egypte et le pays de Canaan ne savaient plus que faire devant cette famine. Joseph ramassa tout l'argent qui se trouvait aux pays d'Egypte et de Canaan en leur vendant du grain et il draina cet argent dans le palais de Pharaon. L'argent disparut des pays d'Egypte et de*

Canaan (Genèse 47, 13 à 15). Et quand il n'y a plus d'argent, Joseph se fait payer en nature : *Donnez-moi vos troupeaux, répondit Joseph, et si l'argent manque, c'est au prix de vos troupeaux que je vous livre de quoi manger* (Genèse 47, 16). Et quand les pauvres Égyptiens n'ont plus rien, Joseph imagine un semblant de programme humanitaire « terre contre grain ». L'O. N. U. n'a rien inventé. *Joseph acheta au profit de Pharaon toute la terre d'Egypte, car chaque Egyptien vendit son champ, si rigoureuse était pour eux la famine. Le pays appartint à Pharaon* (Genèse 47, 20). La boucle est bouclée. Les Cananéens sont devenus les esclaves du Pharaon. C'est vrai que cette histoire est exemplaire, mais de ce qu'il ne faut pas faire. Joseph est un modèle à suivre pour tous les défenseurs de l'ultra libéralisme, et sont histoire un manuel d'économie cynique ! Surtout que ça m'étonnerait que Joseph ait perdu un gramme durant la famine. Il était plutôt du genre à se goinfrer en regardant maigrir les autres. Alors s'il te plaît ! Je préfère compter sur la providence de Dieu. Ou alors, si tu veux un exemple, choisi plutôt Ézéchiel. Lui, il paye de sa personne. Pour prévenir Jérusalem de la famine qui menace la ville, Dieu lui ordonne de jeûner pendant plus d'une année. *Prends du blé, de l'orge, des fèves, des lentilles, du millet et de l'épeautre ; mets-les dans un récipient ; tu t'en feras du pain. Pendant ces jours où tu seras couché sur le côté : trois cent quatre-vingt-dix, tu en mangeras. Ce sera la nourriture que tu mangeras : une ration de 200 grammes* (je te passe les mesures hébraïques) *par jour ; tu en mangeras jour après jour. L'eau à boire te sera assurée :* 7,5 *litres ; tu en boiras jour après jour* (Ézéchiel 4, à 11). Du pain de sec et de l'eau pendant plus d'une année, ce n'est pas ton Joseph qui aurait fait ça.

Le réveil a sonné. Le jour se levait. Notre fille se tenait sur le seuil de notre chambre.

– Maman, Papa, j'ai faim…

Plutôt que sur la Providence, c'est sur nous que notre fille comptait pour lui préparer son chocolat chaud et ses deux tartines du matin. Nous nous sommes levés. La journée commençait.

S'il me manque l'amour

La nuit blanche passée à discuter nous avait rapprochés. Nous avions compris que Dieu nous demandait de partager le pain qu'il nous donnait. Ma femme pensait que la nourriture existante pouvait suffire à nourrir les six milliards d'êtres humains que la terre portait. Elle militait pour rééquilibrer la répartition. Moi, je pensais qu'une amélioration du rendement pourrait faciliter la distribution. Mais comment dire ça à une petite fille ? Le mieux était d'y réfléchir avec elle.

Certains parents lui auraient seriné : « Finis ton assiette ! Pense aux petits chinois qui meurent de faim ! ». Ils existent, j'en connais. Ce n'était pas notre genre. Par quel miracle, un seul gramme de ce qu'elle laissait aurait pu servir à nourrir quelqu'un dans le monde ?

Nous avons estimé qu'elle devait pouvoir exprimer sa colère. Nous avons acheté un grand tableau blanc. En titre, nous avons écrit au marqueur : « C'est pas juste… ». Avec un feutre effaçable, chacun de nous pouvait écrire ses doléances. Notre fille y alla de bon cœur.

C'EST PAS JUSTE…

que des gens meurent de faim !

que des parents ne puissent pas nourrir leurs enfants !

qu'un garçon m'ait volé mon goûter !

que des enfants doivent se battre pour trouver à manger !

Bien sûr, les plaintes dénonçaient toutes sortes d'injustices, les grandes et les petites : violences, accidents de la route, mauvaises notes, disputes entre copines… Il y avait de tout, mais les scandales alimentaires formaient une part importante. Dans notre première idée – un peu naïve, je l'avoue – nous avions pensé que nous pourrions effacer les doléances, au fur et à mesure que la justice serait rétablie. Nous avons dû déchanter. Personne ne résolvait jamais la plupart des injustices. Au bout d'une semaine, le tableau était plein.

Nous avons vite dû adopter une nouvelle tactique.

– Les plaintes qui subsisteront à la fin de chaque semaine seront recopiées sur des feuilles de papier et rangées dans un classeur. Elles deviendront des pièces à conviction, dans un procès qui ne sera intenté ni contre Dieu ni contre les hommes, mais avec Dieu, contre ce qui nous rend incapable de justice et de partage.

Le procès fut minutieusement préparé dans ses moindres détails : décor, répartition des rôles, constitution des dossiers, liste des témoins… La rédaction de l'acte d'accusation nous a fait transpirer. Il s'agissait de ne pas se tromper de suspect. Faute de mieux, nous avions retenu l'idée d'une « plainte contre X ». Son anonymat évitait que l'un de nous doive jouer ce rôle. Le procès nous permettrait peut-être de préciser son identité.

Ma femme a voulu présider le tribunal. Pour notre fille, généreuse et idéaliste comme toute sa génération, il allait de soi qu'elle défendrait Dieu et les hommes, contre ce qui les fait, contre ce qui nous fait souffrir. Elle serait donc procureur, chargée de démontrer la culpabilité de l'accusé. Quant à moi, commis d'office, je devenais l'avocat de « X ».

Le grand jour est enfin arrivé. Pour rendre le procès plus solennel, nous avions minutieusement réglé la mise en scène. La salle à manger avait été transformée en tribunal. Les meubles avaient été déplacés, à l'exception d'une table et de trois chaises. Pour mieux habiter nos rôles, nous portions tous les trois des robes : rouge pour ma femme, noires pour ma fille et pour moi. Nous sommes entrés dans le prétoire, le visage grave, un dossier sous le bras. Nous avons attendu que ma femme soit assise pour prendre place.

Le juge a empoigné son marteau, frappé un seul coup.

– Affaire « Dieu et les hommes contre X ». La parole est à la défense.

– Madame la présidente, ai-je dit, j'appelle à la barre mon premier témoin.

– Qu'il approche ! Monsieur, veuillez, s'il vous plaît, préciser vos noms et votre qualité.

Je me suis levé. J'ai essayé de contrefaire la démarche et la voix d'un paysan du Proche-Orient. À en juger par l'air hilare de ma fille, le résultat ne devait pas être excellent.

– Je m'appelle Amos, je suis un petit éleveur. Je ne suis pas étonné que des gens meurent de faim. J'en vois des riches *allongés sur des lits d'ivoire, vautrés sur leurs divans, ils se régalent de jeunes béliers et de veaux choisis dans les étables ; ils improvisent au son de la harpe, chantant comme David leurs propres cadences, buvant du vin dans des coupes* (Amos 6, 4 à 6). Tant que les riches ne partageront pas ce qu'ils ont, il n'y aura pas de justice.

– Objection, votre honneur ! Le procureur tente de rendre des êtres humains responsables de la famine. Or, ils ne sont pas accusés.

C'était ma fille qui intervenait. Elle ne connaissait de la justice que ce qu'en montrent les séries américaines.

Je n'étais pas disposé à me laisser faire :

– Madame la présidente, nous n'accusons personne. Amos décrit seulement ce qu'il a vu. L'accusation n'aura pas l'outrecuidance de nier que la nourriture est bien mal répartie. Mon deuxième témoin le confirmera. La cour peut-elle faire citer le prophète Ésaïe ?

– Objection rejetée, faites entrer votre deuxième témoin.

Je ne connaissais d'Ésaïe que son jeune âge. Dans ces conditions, il n'était pas facile de créer mon personnage. J'ai pris place à la barre et j'ai décidé de jouer sobrement.

– Dans ma courte vie, j'ai déjà vu des riches qui vivent comme des parasites. *Levés de bon matin, ils courent après les boissons fortes et jusque tard dans la soirée, ils courent après le vin. La harpe et la lyre, le tambourin et la flûte accompagnent leurs beuveries, mais ils ne regardent pas ce que fait le Seigneur et ne voient pas ce que ses mains accomplissent. Malheur, ce sont des héros de beuveries, des champions de cocktails* (Ésaïe 5, 11 à 22). Et pendant ce temps, les pauvres se serrent la ceinture : *On laisse l'affamé le ventre vide et on laisse manquer de boisson celui qui a soif* (Ésaïe 32, 6). Je comprends leur révolte.

– Monsieur Ésaïe, a demandé le procureur. Dans son injustice, l'humanité ne vous laisse-t-elle aucun espoir ? Les êtres humains sont-ils condamnés à l'injustice ? Ne sont-ils pas capables d'un autre comportement ?

Je ne pouvais pas mentir à la cour :

– Si, ils le sont ! Leur arme s'appelle la solidarité : *Si tu cèdes à l'affamé ta propre bouchée et si tu rassasies le gosier de l'humilié, ta lumière se lèvera dans les ténèbres* (Ésaïe 58, 10).

– Madame la présidente, a dit ma fille, nous sommes là en plein dans le problème. L'être humain peut se montrer solidaire.

Ce n'est pas qu'un rêve, c'est aussi une réalité. J'ai lu dans un excellent livre, dont le titre est « la Bible » cette phrase que je laisse à votre méditation : *Qui a le regard bienveillant sera béni pour avoir donné de son pain au pauvre* (Proverbes 22, 9). Injustes ou solidaires, c'est à nous de nous décider. Et sans tarder, si nous voulons être admis dans le royaume de Dieu. Vous connaissez les critères du jugement : *Quand le Fils de l'homme viendra dans sa gloire, accompagné de tous les anges, alors, il siégera sur son trône de gloire. Devant lui seront rassemblées toutes les nations, et il séparera les hommes les uns des autres comme le berger sépare les brebis des chèvres. Alors le roi dira à ceux qui seront à sa droite : Venez les bénis de mon Père, recevez en partage le Royaume qui a été préparé pour vous depuis la fondation du monde. Car j'ai eu faim et vous m'avez donné à manger ; j'ai eu soif et vous m'avez donné à boire… Alors les justes lui répondront : Seigneur, quand nous est-il arrivé de te voir affamé et de te nourrir, assoiffé et de te donner à boire ? Chaque fois que vous l'avez fait à l'un de ces plus petits, qui sont mes frères, c'est à moi que vous l'avez fait !* (Matthieu 25, 31 à 40). Nous pouvons le faire. Nous en avons les capacités. Ce n'est pas notre faute, si nous ne le faisons pas ! C'est « X » qui nous rend égoïstes et mauvais. Vous vous interrogez encore sur l'identité de « X » ? Mais il s'appelle « Égoïsme », « Indifférence » ou même « Foi » quand elle va sans « Amour ». *Si un frère ou une sœur n'ont rien à se mettre et pas de quoi manger tous les jours, et que l'un de vous leur dise : Allez en paix, mettez vous au chaud et bon appétit, sans que vous leur donniez de quoi subsister, à quoi bon ?* (Jacques 2, 15). Je vous demande, Madame la présidente, de condamner « X » pour nous permettre de partager notre nourriture.

– La charité n'est pas un exploit à inscrire dans le livre des records, me suis-je insurgé. Elle perd son sens quand elle manque d'amour. Même la plus grande générosité ne nous assure pas le paradis. *Quand je distribuerais tous mes biens aux affamés, s'il me manque l'amour, je n'y gagne rien* (1 Corinthiens 13, 3). Bien qu'avocat, je tiens à rester honnête. Je ne peux demander l'acquittement de « X ». Mais je demanderai que les hommes soient solidairement condamnés avec lui – ou elle.

La présidente s'est retirée pour délibérer. Ma fille et moi sommes restés silencieux pendant le temps de son absence. Nous n'arrivions pas à quitter nos rôles. Instinctivement, nous nous sommes levés lorsque ma femme est revenue pour annoncer la sentence :

– Puisque l'avocat et le procureur sont convaincus de la culpabilité de « X », je le suis aussi. Je condamne donc « Égoïsme », « Indifférence » et « Foi sans Amour » à la prison à perpétuité. Ils resteront enfermés jusqu'à la fin des temps, sauf si le Règne de Dieu vient un peu avant. Je laisse à chacun de nous le soin de les démasquer et d'exécuter la sentence. Mais les êtres humains ne sortent pas innocents de ce procès. Je nous condamne collectivement à prendre des bonnes résolutions qui devraient contribuer à diminuer les injustices alimentaires. Les éventuels – ou les probables – abandons seront signalés, mais ne seront jamais inscrits au casier judiciaire. Reste à régler le cas de Dieu. Au vu des pièces du dossier et des témoignages produits, je lui laisse le bénéfice du doute. Mais pour qu'il n'oublie pas ses promesses, nous continuerons à lui rappeler chaque matin de nous donner « notre pain de ce jour ».

Le jugement était bon. Ni ma fille ni moi n'avons voulu faire appel.

Nous n'en avions pas tout à fait terminé avec ce procès. Nous devions encore décider nos résolutions. Ensemble, nous nous y sommes mis. Nous n'avons rien trouvé de vraiment génial. Mais les efforts qu'elles impliquaient en augmentaient la valeur.

Nous inviterions à manger tous ceux qui passeraient chez nous. J'ai fait remarquer à ma douce moitié que cette décision la concernait. Car la femme modèle *est comme les navires marchands, elle fait venir de loin sa subsistance. Elle se lève quand il fait encore nuit pour préparer la nourriture de sa maisonnée*

(Proverbes 31, 15). La décence m'interdit de rapporter sa réponse.

Nous serions attentifs à l'origine de notre nourriture. Nous privilégierions les aliments élevés ou cultivés selon des principes écologiques. Dans la mesure du possible, nous exigerions un double respect du produit lui-même et de l'environnement. Mais nous serions en même temps attentifs à la situation des producteurs. Par solidarité, nous accepterions de payer plus cher un produit pourvu que la différence enrichisse les paysans et non les intermédiaires. En bref, nous nous soucierions autant de l'origine des aliments, de leur « traçabilité » que de leur goût. En fréquentant les magasins distribuant les produits issus du « commerce équitable » et de l'agriculture biologique, nous avons découvert que les deux allaient souvent de pair.

De son propre chef, notre fille a pris une décision supplémentaire. Elle répondrait positivement à toutes les demandes d'aide alimentaire qui lui seraient adressées. Elle a tenu. Pendant toute sa scolarité, elle a fourni à toute la planète des paquets de pâtes, des kilos de riz ou de sucre presque aussi nombreux que les étoiles du ciel ou que les grains de sable du désert.

3.
Faites ceci en mémoire de moi

Je n'ai jamais souhaité devenir pasteur comme mon père, ni restaurateur comme ma mère. Mais il m'arrive de faire la cuisine à la maison et je me suis engagé dans notre paroisse. J'ai même fait partie de son Conseil. Je participais régulièrement aux séances. J'essayais d'avoir un avis à la fois intelligent et chrétien sur tous les sujets que nous abordions. Mais c'est la cène qui m'a toujours passionné. Probablement parce que je pouvais y faire se rejoindre mes passions pour la théologie et pour la gastronomie. Inutile de le dire, je n'étais pas très satisfait de la manière dont notre paroisse célébrait la cène. J'ai décidé de soumettre mon problème à l'Assemblée annuelle de paroisse.

– Notre foi chrétienne met au centre de son culte un repas. Non pas un repas qui se dit, qui se rappelle ou qui s'explique, mais un repas qui se mange, qui s'avale, qui se digère. Il ne suffit pas de rappeler la mort et la résurrection de notre Christ. Il faut encore en connaître le goût. Depuis deux mille ans, partout dans le monde, c'est par un repas que les chrétiens rappellent le sens de la mort de leur Seigneur, qu'ils l'appellent cène, sainte cène, eucharistie ou communion. Nous connaissons tous le récit fondateur. *Le premier jour des pains sans levain, les disciples vinrent dire à Jésus : Où veux-tu que nous te préparions le repas de la Pâque ? Il dit : Allez à la ville chez un tel et dites-lui : Le maître dit : mon temps est proche. C'est chez toi que je célèbre la Pâque avec mes disciples. Les disciples firent comme Jésus le leur avait prescrit et préparèrent la Pâque.* Jésus, en bon juif, veut commémorer la liberté que Dieu a offerte au peuple d'Israël. *Le soir venu, il était à table avec les Douze. Pendant qu'ils mangeaient, il dit : En vérité, je vous le déclare, l'un de vous va me livrer. Profondément attristés, ils se mirent chacun à lui dire : Serait-ce moi, Seigneur ? En réponse, il dit : Il a plongé la main avec moi dans le plat, celui qui va me livrer.* Incroyable coup de théâtre ! Il y a un traître parmi les douze hommes symboliquement rassemblés autour de leur maître. Chacun veut savoir s'il s'agit de lui, parce que chacun se sent capable de livrer celui qu'il a choisi pour maître. *Pendant le repas, Jésus prit du pain et, après avoir prononcé la bénédiction, il le rompit ; puis le donnant à ses disciples, il dit : Prenez, mangez, ceci est mon corps. Puis il prit une coupe et, après avoir rendu grâce, il la leur donna en disant : Buvez-en tous, car ceci est mon sang, le sang de l'Alliance, versé pour la multitude, pour le pardon des péchés. Je vous le déclare : je ne boirai plus désormais de ce fruit de la vigne jusqu'au jour où je le boirai, nouveau, avec vous dans le Royaume de mon Père.* (Matthieu 26, 17 à 29). Jésus a tout changé. Les disciples pensaient manger l'agneau, le pain sans levain et les herbes amères pour se rappeler le passé du peuple juif. Mais ils ont partagé du pain et du vin pour se donner un avant-goût de l'avenir.

Sans l'avoir voulu, j'avais adopté la technique oratoire de ma mère. J'avais lu le texte en même temps que je l'avais commenté. Mais l'effet n'avait pas été aussi bon, je sentais les paroissiens qui s'impatientaient.

– Rassurez-vous, j'en viens à ma demande. Madame la Pasteure, vous nous invitez parfois à « venir goûter comme le Seigneur est bon ! ». Mais franchement, lorsque le pain est sec, lorsque le vin est mauvais, qu'en est-il de la bonté du Seigneur ? Pensez-vous vraiment que la piquette que vous nous servez peut nous donner l'envie d'aller boire la même dans le Royaume de Dieu ? Est-ce qu'un pain dur et un vin aigre nous donnent plus de chance d'entrer au paradis ? On croirait que la cène ne doit surtout pas être une partie de plaisir ! Pourtant une bonne cène doit aussi flatter le goût. Sinon, il ne sert à rien de manger et de boire.

Les paroissiens sont restés silencieux. D'une toute petit voix, le caissier a timidement demandé :

– Est-ce que ça va nous coûter cher ?

J'ai balayé l'objection :

– Si notre austérité ne dépend que d'un souci d'économie, permettez-moi de vous dire que le calcul est sordide. Comment pourrions-nous faire des économies sur le dos de notre Seigneur Jésus Christ ? Comment pouvons-nous imaginer mégoter sur les prémices du Royaume ?

Et j'ai asséné l'argument décisif :

– Si ce n'est qu'une question d'argent, je suis même prêt à payer le pain et le vin de ma poche.

Convaincue, ou lassée, l'assemblée de paroisse a donné son accord. Elle m'a même nommé à l'unanimité – moins une voix, la mienne – à la fois « grand panetier » et « grand échanson ». J'étais désormais responsable de l'approvisionnement de la cène.

J'ai réuni le boulanger et les trois vignerons du village. Au cours d'une soirée mémorable, toute empreinte de spiritualité, nous avons goûté les éléments dignes de figurer dans le repas du Seigneur.

J'avais pensé qu'un vin doux, un peu liquoreux, pourrait plaire à tous les communiants, hommes ou femmes, jeunes ou vieux, mais je me suis fait sèchement rabrouer.

Le plus vieux des vignerons a déclaré :

– Un bon vin doit avoir le goût de la terre dans laquelle la vigne a poussé et témoigner de l'amour du vigneron qui l'a vinifié

Les vignerons ont tous proposé leurs vins blancs et rouges. Pour n'offenser personne et parce que leurs vins se valaient, nous avons décidé que nous les utiliserions à tour de rôle.

Le boulanger a souhaité être régulièrement informé des thèmes de la prédication. Il pourrait ainsi, lorsqu'il se sentirait inspiré, confectionner un pain dont la forme et le goût rappelleraient le texte du jour : pain de campagne pour souligner la simplicité et le naturel de la foi chrétienne, pain brioché pour les dimanches de fête, etc. Il est allé loin dans sa réflexion théologique proposant une tresse quand notre pasteure parlait de la Trinité et des petits bonshommes en pâtes à Vendredi saint, ce que certains ont jugé de mauvais goût !

Je dois reconnaître que la fréquentation du culte n'a pas augmenté de manière spectaculaire, ni d'ailleurs le chiffre d'affaires de la boulangerie ou des encaveurs. Mais plusieurs paroissiens ont manifesté leur satisfaction. Et le caissier fut soulagé d'apprendre que les vignerons et le boulanger offraient gratuitement leurs produits et leur travail.

Le souci de la qualité des éléments a produit un autre effet, plus inattendu.

Ceci est mon corps

Aussi surprenant que cela puisse paraître, nous avions parmi nous une Tahitienne. Elle s'appelait Maeva. Comment s'était-elle égarée dans la froidure de nos hivers ? Je ne sais pas. Je crois qu'elle avait rencontré chez elle un enseignant expatrié. Elle avait décidé de le suivre, lorsque son contrat était arrivé à son terme. Ils s'étaient installés chez nous. Chaque dimanche, elle assistait au culte, toujours en robe blanche, été comme hiver, avec un chapeau tressé sur la tête. Je crois qu'en dix ans, elle n'avait dû manquer pas plus de trois cultes.

Elle a sonné un soir à notre porte. Nous l'avons faite asseoir dans le salon. Elle venait me proposer de célébrer la cène « à la manière polynésienne », avec des noix de coco.

J'étais évidement enthousiaste, mais il fallait convaincre la paroisse. Nous sommes allés trouver notre pasteure pour lui présenter notre requête. Elle s'est montrée beaucoup plus sceptique.

– En général, je ne suis pas contre le changement, a-t-elle dit, mais là, voyez-vous, vous demandez quelque chose de difficile. Jésus n'a pas choisi n'importe quoi. Parmi tous les aliments qui étaient disponibles à son époque, il a délibérément pris du pain et du vin. Il aurait pu en choisir d'autres : l'agneau, les olives, l'eau… Le pain et le vin sont par conséquent indispensables à la célébration de la sainte cène.

Mais « ma » Tahitienne n'était pas prête à se laisser faire.

– Pasteure, et s'il avait simplement pris ce qui se trouvait sur la table ? S'il avait utilisé ce qui restait du repas. Nous, dans le Pacifique, nous pensons que nous avons le droit, dans un autre climat, d'utiliser ce qui se trouve sur nos tables. Chez nous, il fait trop chaud pour que le blé pousse. Et nous n'avons presque pas de vignes. Alors, on utilise ce que notre terre nous donne, en particulier la noix de coco !

Notre pasteure avait oublié d'être bête. Elle avait bien suivi la démonstration. Elle a mis le doigt sur le point faible du raisonnement.

– Si je vais chez vous à Tahiti, je serai enchantée de communier avec la noix de coco. Mais ici, chez nous, le blé et le raisin poussent ! Alors, pourquoi ne pas les utiliser ? Nous serons d'autant plus fidèles à Jésus !

J'ai cru devoir intervenir.

– De toute façon, le pain et le vin de Jésus ne ressemblaient en rien à ceux que nous consommons. Pour vraiment faire comme lui, nous devrions utiliser des pains azimes plutôt que du pain levé. Mais cela, les Réformateurs ne l'ont pas voulu. Ils voulaient servir du « vrai pain », du « pain de tous les jours », le pain que tout le monde mange à table.

Je crois que j'avais eu tort de ramener le débat sur le terrain théologique. D'abord parce que je n'étais pas si sûr de moi, ensuite parce que j'empiétais sur le domaine de compétence de notre pasteure.

Heureusement, Maeva a déplacé la question vers le terrain des sentiments. Quand elle a pris la parole, ses yeux pleuraient, mais sa bouche souriait :

– Tu vois Pasteure, depuis que je suis venue ici, je ne suis jamais retournée dans mon île. Peut-être que je n'y retournerai jamais. Ça me ferait tellement plaisir de communier avec le coco. Fais-le pour moi ! Au moins une fois !

Notre pasteure ne pouvait pas dire non. Alors, elle a dit :

– Oui !

Très impatients, nous avons attendu que revienne le dimanche de cène. Dès qu'ils sont entrés dans le temple, tous les paroissiens ont pu voir une noix de coco posée au centre de la table de communion.

Sa fonction est restée mystérieuse jusqu'au début de la célébration de la cène, où nous incombait la responsabilité d'expliquer les innovations.

J'ai pris la parole en premier :

– Comme des repas de famille, les cènes célébrées depuis 2000 ans – entre le souvenir de la mort de Jésus et l'espérance du Royaume de Dieu – rassemblent les participants, les mangeurs de pain, de coco ou d'autres nourritures, les buveurs de vin, de jus de raisin ou d'autres boissons dans une même communauté de destin. Malgré le temps et l'espace, en dépit des divergences de formes ou de doctrines, c'est autour d'une même table que se retrouvent tous ceux qui renouvellent ce repas. La communion doit nous rendre solidaires, dans les souvenirs et dans les espoirs partagés, dans la vie vécue. Ce matin, nous aimerions rappeler l'universalité de l'Évangile. Le Verbe ne s'est fait chair qu'une seule fois. Mais il se laisse conjuguer dans d'autres modes et d'autres temps.

J'étais particulièrement fier de cette dernière phrase. Pour lui laisser le temps de produire son effet, j'ai attendu quelque seconde avant de laisser le micro à une Maeva très émue.

– Ce matin, nous allons célébrer une cène avec une noix de coco. Pour nous dans le Pacifique, elle représente toute notre vie. Nous en mangeons la chair, nous en buvons l'eau. La noix nous sert à faire des bols, les fibres à tresser des nattes, le tronc à faire des meubles et l'huile à nous faire belles. C'est pour cela que dans toutes nos îles, Dieu fait pousser des cocotiers. De plus la noix de coco est riche en symboles bibliques : la patience d'attendre le Royaume, parce qu'il faut attendre que la noix tombe pour la ramasser ; la tendresse de Dieu pour les petits, parce que le coco roule jusqu'au point le plus bas. C'est pour cela que nous l'utiliserons pour célébrer la cène. En partageant un seul coco, sa pulpe et son lait, nous nous souvenons qu'un seul homme a donné sa vie, son corps et sang. Oui, le coco est un don de Dieu. Pas de vie sans cocotier, pas de vie sans Dieu !

Maeva avait les larmes aux yeux. Et moi, de la voir, je commençais aussi à pleurer. Par-delà les milliers de kilomètres, nous nous sentions proches des chrétiens polynésiens. Nous n'avions jamais été autant en communion. Malgré la séparation, l'amour de Dieu nous rassemblait.

L'expérience a plu, nous avons invité des Africains, des Asiatiques pour célébrer, de temps à autre, des cènes « exotiques »

Voici l'agneau de Dieu !

Notre paroisse avait depuis longtemps pris l'habitude de célébrer « l'agneau pascal ». Je n'y étais pour rien, mais j'appréciais énormément ce culte.

Le jeudi avant Pâques, nous nous rassemblions pour célébrer les deux alliances que Dieu a signées avec les hommes. Dans un vrai repas cultuel, où nourriture et paroles se mêlaient, nous revivions le dernier repas que Jésus a pris avant sa mort. Jour de fête, repas exceptionnel, même ma femme acceptait de manger un peu de viande.

La préparation commençait l'après-midi déjà, au moment où nous mettions à griller un agneau entier. C'était la tâche des hommes. Les femmes pendant ce temps préparaient une « petite salade ». Elle n'avait pas de justification liturgique, mais elle nous faisait tellement plaisir. Le soir venu, nous nous mettions à table. Comme les Hébreux à la veille de sortir d'Égypte, comme les disciples à la veille de la crucifixion, nous partagions et mangions l'agneau et les pains sans levain. À la fin du repas, nous remplissions un verre avec le vin qui restait sur la table – prévoyante, notre pasteur gardait toujours une bouteille en réserve – et nous le faisions passer de main en main, pour nous rappeler le rendez-vous que Jésus nous avait fixé.

C'était sans aucun doute mon culte préféré. J'aurais voulu retrouver un peu de cette atmosphère dans les cènes que nous célébrions tout au long de l'année. J'ai donc proposé au Conseil :

– Et pourquoi ne pas célébrer la cène au cours d'un vrai repas ?

– Mais vous n'y pensez, m'a-t-on rétorqué ! C'est impensable ! Ça ne s'est jamais fait ! La cène est un acte liturgique, pas un banquet !

Je m'étais bien documenté :

– Mais si, ça se fait ! C'est même une caractéristique des Églises réformées de comprendre la cène comme un repas qui rassemble ceux que Jésus invite à sa table. Au moment de la Réforme, Zwingli a remplacé la vaisselle d'argent par une vaisselle de bois, la même que les Zurichois utilisaient tous les jours pour manger. En Écosse et aux Pays-Bas, les Réformés communient assis autour d'une table. Et pourquoi utilisons-nous du pain levé plutôt que de l'hostie ? Parce que personne ne mange des hosties au beurre pour le petit-déjeuner ! Cela dit, nous n'avons rien inventé. Les premières communautés chrétiennes faisaient du repas le centre de leur vie communautaire. *Ils rompaient le pain à domicile, prenant leur nourriture dans l'allégresse et la simplicité de cœur* (Actes 4, 46). En ce temps-là, cène et repas n'étaient pas distingués. La cène prolongeait le repas, ou le repas la cène. La « communion » n'avait pas encore de lieu, de liturgie ou de temps propres. On mangeait et l'on rendait grâce, on célébrait et l'on se nourrissait. Heureux temps où l'on n'ergotait pas sur chaque terme d'une liturgie ou sur les qualifications de celui qui présidait au repas. Pourquoi ne ferions-nous pas la même chose ?

Le moins que je puisse dire, c'est que les conseillers avaient des doutes :

– Et les abus ? Vous avez pensé aux abus ? Votre « bon vieux temps » n'était pas tellement bon. Vous savez comment les repas se passaient à Corinthe ? Ce n'était qu'orgie et beuverie ! Paul le leur a reproché : *Quand vous vous réunissez en commun, ce n'est pas le repas du Seigneur que vous prenez. Car, au moment de manger, chacun se hâte de prendre son propre repas, en sorte que l'un a faim, tandis que l'autre est ivre ? N'avez-vous donc pas de maisons pour manger et pour boire ? Ou bien méprisez-vous l'Église de Dieu et voulez-vous faire affront à ceux qui n'ont rien ? Que vous dire ? Faut-il vous louer ? Non, sur ce point, je ne vous loue pas. Ainsi donc, mes frères, quand vous vous réunissez pour manger, attendez-vous les uns les autres. Si l'on a faim qu'on mange chez soi, afin que vous ne vous réunissiez pas pour votre condamnation* (1 Corinthiens 11, 20 à 34).

J'étais en verve :

– Alors, fixons comme première règle qu'il est interdit d'abuser ! J'imagine déjà les slogans : « L'abus du sang du Christ n'apporte pas un surcroît de grâce ! ». Ou peut-être qu'une version plus puritaine vous conviendrait mieux : « Une seule gorgée suffit ». On peut aussi faire plus moderne, spécialement pour les jeunes : « À consommer avec modération ! ». Et notre seconde règle précisera que la communion se mange toujours en commun. La cène n'est pas une course de vitesse et le premier arrivé n'aura rien de plus que celui qui prend son temps pour mâcher.

J'avais cru être convaincant, mais cette fois le Conseil a dit : « non ». J'ai dû me contenter de l'agneau pascal. Ce n'était déjà pas si mal.

4.
Le Royaume de Dieu est semblable à…

Parmi nos quatre parents, c'est ma mère qui est morte la première. Juste après qu'on lui eut annoncé le décès de sa grand-maman, notre fille a demandé :

– C'est comment où elle est Grand-maman ? Comme au temple ?

C'était à notre tour de dire notre espérance de la résurrection. Nous étions un peu empruntés, tant il est difficile d'expliquer simplement ce que nous ne connaissons pas. Mais nous n'avions pas besoin d'être inquiets. Comme d'habitude, Jésus nous avait précédé. Il nous avait montré ce que nous pouvions dire : non pas expliquer le Royaume de Dieu, mais l'illustrer. Pour ma mère les paraboles alimentaires ou gastronomiques étaient évidemment celles qui convenaient le mieux.

– Comme le culte de Grand-papa ? Mon Dieu non, j'espère bien qu'elle est au paradis. On pourrait dire que le Royaume de Dieu ressemble à un grand repas de mariage. *Un homme allait donner un grand dîner, et il invita beaucoup de monde. À l'heure du dîner, il envoya son serviteur dire aux invités : Venez, maintenant, c'est prêt. Alors, ils se mirent à s'excuser tous de la même façon. Le premier lui dit : Je viens d'acheter un champ et il faut que j'aille le voir ; je t'en prie, excuse-moi. Un autre dit : Je viens d'acheter cinq paires de bœufs et je pars pour les essayer ; je t'en prie, excuse-moi. Un autre dit : Je viens de me marier, et c'est pour cela que je ne puis venir. À son retour, le serviteur rapporta ces réponses à son maître. Alors, pris de colère, le maître de maison dit à son serviteur : Va-t-en vite par les places et les rues de la ville, et amène ici le pauvres, les estropiés, les aveugles et les boiteux. Puis le serviteur vint dire : Maître, on a fait ce que tu as ordonné, et il y a encore de la place. Le maître dit alors au serviteur : Va-t-en par les routes et les jardins, et force les gens à entrer, afin que ma maison soit remplie. Car, je vous le dis, aucun de ceux qui avaient été invités ne goûtera de mon dîner* (Luc 14, 18 à 24). Ferme les yeux et imagine que tu es à table ! Tu sens les parfums, tu goûtes les arômes ?

Ma femme a ajouté :

– Moi je salive déjà. Dans ce repas, il n'y a que des bons plats et des boissons délicieuses. Tu aimes les poivrons ? Il y a des poivrons ! La truite ? Il y a de la truite ! Des fruits sucrés et juteux… Et tout à profusion ! Même ce dilemme classique : « Puis-je me reprendre de ce délicieux premier plat ou est-il préférable de garder une place pour la suite ? » ne se posera plus. Le Royaume de Dieu sera un festin où je pourrai manger et avoir mangé, un repas où je ne craindrai pas de grossir, un repas où je pourrai reprendre de tout, un repas de rêve !

– Et c'est Grand-maman qui fait la cuisine, a demandé notre fille ?

– Sûrement, de temps en temps, pour faire plaisir à Dieu. Mais seulement si elle en a envie. Quand elle est fatiguée, elle peut s'asseoir à table et simplement manger.

Notre fille s'inquiétait aussi pour nous :

– Et tu crois que maman, toi et moi nous mangerons aussi là-bas ?

– Toi et ta mère, c'est obligé, lui ai-je répondu ! Vous êtes des saintes. Moi, ce n'est pas sûr ! Mais j'ai mes chances d'y participer, puisqu'il suffit de se tenir sur les routes ou dans les jardins, pour devoir y aller. Il n'y a pas de critère, il n'y a pas de tri. Seule compte la disponibilité. Tous ceux qui veulent manger le peuvent. Personne ne doit s'inquiéter. La nourriture sera toujours suffisante. Dans le Royaume de Dieu, tout le monde pourra manger, en particulier ceux qui ne le méritent pas.

Ma fille possédait déjà une solide culture biblique. Elle connaissait ses classiques :

– C'est comme dans l'histoire des deux fils. Le cadet revient tout honteux à la maison. *Mais le père dit à ses serviteurs : Vite, apportez la plus belle robe, et habillez-le ; mettez-lui un anneau au doigt, des sandales aux pieds. Amenez le veau gras, tuez-le, mangeons et festoyons, car mon fils que voici était mort et il est revenu à la vie ; il était perdu et il est retrouvé. Et ils se mirent à festoye.* (Luc 15, 21 à 24). Mais tu te souviens du grand frère qui était fâché parce que son papa ne lui avait jamais rien donné ? Tu crois qu'il a boudé longtemps ? Moi, je pense plutôt qu'il a fini par venir manger.

– Je suis d'accord avec toi. Dans le Royaume de Dieu, tout le monde sera rassasié, en particulier ceux pour qui un ventre plein représente un luxe inabordable : *Heureux, vous qui avez faim, maintenant : vous serez rassasiés* (Luc 6, 2).

Juste avant l'enterrement, notre fille a rédigé le menu qu'elle souhaitait manger dans le Royaume de Dieu. Elle a soigneusement plié sa feuille, l'a mise dans une enveloppe et l'a placée sur le cercueil.

– Tu vois, comme ça, Grand-maman saura quoi me préparer quand j'irai manger avec elle !

CET OUVRAGE
A ÉTÉ ACHEVÉ D'IMPRIMER
PAR L'IMPRIMERIE FLOCH À MAYENNE
EN OCTOBRE 2000

N° d'impression : 49729.
Dépôt légal : octobre 2000.
(*Imprimé en France*)